Enseigner l'anglais
au collège

FORMATION DES ENSEIGNANTS

Professeurs des collèges

Enseigner l'anglais au collège

James BROSSARD
Chantal DENAT
Martine KERVRAN

ARMAND COLIN

ISBN : 2-200-01670-0

Masson & Armand Colin Éditeurs - 34 bis, rue de l'Université - 75007 Paris

Table des matières

S'ADAPTER À LA DIVERSITÉ DU PUBLIC

FICHES

Tout au long du livre, dans chaque partie, nous proposons au lecteur deux types de fiches.

Les fiches guides présentent des informations ou des démarches générales concernant les différents supports et les activités de la classe de langue, en relation avec des objectifs spécifiques.

Les fiches ressources proposent des séquences détaillées dans les différents domaines d'activités en relation avec un niveau de classe donné.

Fiches guides

Fiches ressources

Avant-propos

Cet ouvrage s'adresse aux collègues qui débutent dans l'enseignement de l'anglais au collège et à tous ceux qui souhaitent renouveler leur pratique en fonction des nouvelles orientations et de la récente réforme du collège.

L'ouvrage est organisé autour des deux composantes qui nous semblent fondamentales : celle du contenu de notre enseignement et celle des méthodes à privilégier. Chacun des chapitres est construit autour de trois rubriques : des pistes de réflexion didactique regroupées sous le titre *Catch the spirit*, des fiches guides proposant des indications de démarches pédagogiques et d'activités de classe liées au domaine concerné et des fiches ressources décrivant des séquences détaillées pour chacun des cycles du collège. Nous avons en effet voulu proposer à la fois des éléments de réflexion, des pistes pédagogiques et des outils de travail concrets. Les exemples d'activités pratiques ont été choisis pour leur caractère modulable et sont directement applicables dans nos classes. Les suggestions contenues dans les fiches peuvent être librement aménagées en fonction des besoins de chacun.

Nous espérons que nos collègues trouveront la lecture de l'ouvrage aussi fructueuse que l'a été pour nous sa rédaction.

INTRODUCTION

Historique

Calqué pendant des siècles sur l'apprentissage du latin, l'enseignement des langues étrangères a longtemps privilégié une approche fondée sur l'étude d'une langue écrite très littéraire; l'enseignement traditionnel s'appuyait sur la démarche « lecture traduction » et accordait une place prépondérante à la grammaire. Avec l'émergence de la linguistique à la fin du siècle dernier puis le développement des sciences de l'éducation, on commença à s'intéresser à la fois au fonctionnement du langage et aux processus d'apprentissage des langues vivantes. L'évolution parallèle de la société et de la réflexion sur les mécanismes en jeu dans l'apprentissage entraîna des transformations méthodologiques; c'est ainsi que la référence à l'apprentissage de la langue maternelle remplaça peu à peu le modèle du latin au début du siècle, comme l'atteste l'adoption de la méthode directe qui préconisait de calquer l'apprentissage de la langue étrangère sur le processus d'acquisition naturel de la langue maternelle.

L'explosion technologique dans le domaine de l'information a joué également un rôle essentiel. Les méthodes audio-orales sont la conséquence des progrès réalisés dans le domaine du son dans les années 30. Elles ont été ensuite remplacées par l'approche audiovisuelle lorsque l'image et le son se sont conjugués à l'ère de la télévision et de la vidéo.

Avec la mondialisation des échanges naquit le concept de « langue-outil » qui fut à l'origine du développement de l'approche notionnelle-fonctionnelle. Cependant, il fallut attendre les années 70 et les travaux du Conseil de l'Europe pour que la communication devienne une priorité effective : l'apprentissage des langues se fonde désormais sur les besoins langagiers de l'apprenant à partir desquels sont définis les éléments linguistiques qui permettent de répondre à ces besoins. La maîtrise de la langue usuelle et contemporaine devient la finalité de l'enseignement scolaire; il s'agit d'amener les élèves à comprendre, parler, lire et écrire la langue des échanges de la vie quotidienne.

Problématique actuelle

L'exercice actuel du métier de professeur d'anglais est plus ou moins directement influencé par trois facteurs complémentaires.

❐ *Importance de la langue anglaise et de la culture qu'elle véhicule dans le monde actuel*

Le destin singulier de cette langue dans les échanges économiques et culturels, sa diffusion par les moyens les plus modernes de communication, pèsent dès le départ sur l'entreprise de l'enseignant.

L'anglais, contrairement aux autres langues, constitue un point de passage obligé dans la formation d'un jeune d'aujourd'hui. On en vient à considérer cette langue étrangère comme une des disciplines scolaires les plus importantes, juste après la maîtrise de la langue maternelle et de celle des notions mathématiques de base. Il s'agit là de trois langages nécessaires à la compréhension et à l'efficacité dans le monde moderne.

En Europe et dans bien d'autres régions du monde, les choses sont perçues de la même façon.

Les professeurs d'anglais y ont, certes, gagné en considération mais au prix d'une pression accrue de la part des parents, de la société, et de l'institution. On leur demande plus d'efficacité que jamais.

Ces professeurs s'interrogent cependant beaucoup sur ce que l'on entend par « enseigner l'anglais » : s'agit-il de la langue des Britanniques, celle que les jeunes élèves auront le plus vite la possibilité de pratiquer au cours de voyages ou d'échanges ? Ce choix reste à juste titre le plus fédérateur pour de multiples raisons.

Mais quel sous-ensemble de cette langue vivante doit-on extraire pour définir un bagage de communication, de connaissances actives, de savoir-faire langagiers et de repères culturels ? Les programmes définis dans ce pays à l'occasion d'une consultation nationale pour toutes les disciplines du collège s'efforcent d'apporter une réponse plus adaptée aux besoins d'aujourd'hui.

Cette réflexion conduite en relation avec d'autres enseignants de langue a permis de dégager des axes clairs et de réaffirmer un objectif majeur : nous entraînons nos jeunes élèves à communiquer. Les autres objectifs demeurent au service de celui-ci. Donner trop d'importance à la grammaire, tomber dans le « lexicalisme », discourir sur la langue vue comme un objet d'étude, évoquer en français la culture anglaise sont autant de déviances pédagogiques.

Le professeur cherche donc plus que jamais à rendre ses jeunes élèves capables de comprendre la langue que parlent vraiment les Anglais et de s'exprimer de manière à être compris par un locuteur natif. Il est donc également guidé par la notion d'authenticité.

❐ *Pédagogie et didactique ont progressé*

Les chercheurs ont suscité une réflexion de plus en plus approfondie, nourrie des apports des sciences humaines, mais aussi de la médecine et des techniques du son et de l'image.

Tout à commencé avec l'irruption du magnétophone. Il y a eu de nombreuses querelles d'écoles, entre les partisans du tout oral, de l'audiovisuel, avec des réactions conservatrices inévitables, en particulier le retour à l'écrit et à la « vraie » grammaire.

Du structuralisme à la théorie de l'énonciation, les spécialistes du langage et leurs collègues chercheurs en pédagogie et en didactique ont cependant peu à peu élaboré une synthèse de tous ces apports.

L'approche communicative a été récemment soumise à un nouvel examen radical dont elle ressort clarifiée : ce n'est pas seulement la communication qui entraîne à communiquer. Il est très périlleux de transposer telles quelles dans le contexte d'enseignement « pour tous » de nos classes des techniques venues de la formation continue et élaborées pour un public souvent adulte, en immersion, motivé et travaillant dans les structures très ciblées de l'industrie des langues.

❐ *Enseigner l'anglais à tous les élèves du collège*

L'enseignement de l'anglais s'inscrit aussi dans une politique éducative nouvelle qui vise la réussite de tous les profils d'élèves, avec des parcours et des modalités variés.

Le professeur d'aujourd'hui s'efforce de répondre à la diversité des publics, de prendre en compte l'avant et l'après.

Cet effort d'adaptation qui s'impose à lui de façon impérieuse ne doit pas l'angoisser inutilement. Le travail en équipe, une formation inscrite dans un projet d'établissement, et surtout la réflexion sur son expérience lui apporteront presque tout ce dont il a besoin.

1 Faire vivre ce que l'on enseigne

ENSEIGNER UNE LANGUE AUTHENTIQUE

Catch the spirit : Enseigner un anglais authentique

La réussite d'un enseignement repose non seulement sur la solide connaissance que le maître possède des contenus à enseigner mais également sur une intelligence réelle du public et de ses attentes.

Il faut cependant bien constater qu'il n'y a pas toujours coïncidence entre la conception de la langue que nous avons aujourd'hui vocation à enseigner et la représentation que peuvent en avoir nos jeunes élèves du collège. Cette représentation résulte d'une part de leur expérience personnelle, mais également d'autres facteurs non négligeables dont le poids dans l'esprit des élèves ne doit pas être négligé : le souvenir que les parents eux-mêmes en ont gardé ou encore les espérances et les ambitions qu'ils projettent sur l'enfant, l'image de la langue cible dans la culture d'origine des enfants, dans la mémoire collective ou dans le monde extérieur à l'école, en particulier dans les médias, l'image pour finir de la pédagogie de la discipline. Nous ne nous attarderons pas sur les quelques idées reçues et stéréotypes persistants : « Est-ce que l'on enseigne toujours la langue de Shakespeare dans vos classes ? » ou encore « Les Français ne sont pas doués pour les langues ! ».

Dans leur ensemble, les parents de nos élèves ont une parfaite conscience du poids de la langue anglaise dans le monde d'aujourd'hui. Leur conception est utilitaire : un anglais parlé, dont la maîtrise s'intègre à un profil de compétence et joue désormais un rôle déterminant dans la recherche d'un emploi et la pratique d'un métier. Elle rejoint en cela celle des milieux économiques et professionnels où se développe une culture internationale de plus en plus distincte de la culture traditionnelle des pays de langue anglaise.

Pour les professeurs de langue anglaise, cette vision ne devient pertinente qu'à un stade avancé du cursus des élèves, en particulier au lycée professionnel, dans les sections de techniciens supérieurs en langue étrangère appliquée, à l'université, et bien sûr dans les grandes écoles.

L'enseignement linguistique offert aux jeunes collégiens d'aujourd'hui est, quant à lui, centré sur deux notions essentielles et complémentaires : la communication et la culture. Les documents d'accompagnement des programmes de la classe de sixième nous le rappellent clairement : « *Parler une langue étrangère c'est savoir parfois se mettre à la place de l'autre, penser comme lui, se représenter le monde de l'autre* ». Nous pouvons donc considérer que notre objectif est de faire découvrir et maîtriser la langue et les référents culturels de ceux qui ont grandi dans un univers anglophone.

Le corollaire de ce premier principe est la nécessité d'exposer les enfants et les jeunes à l'authenticité de cette langue, ses sonorités et ses rythmes, ses idiomes et ses structures propres, ses codes et ses repères. Il s'agit donc de leur donner les moyens de s'adapter et de réagir à un choc linguistique et culturel.

Cet élément d'authenticité est d'autant plus précieux que cet enseignement est dispensé dans un milieu institutionnel.

Le devoir, mais aussi l'ambition que nous partageons avec nos collègues des autres disciplines, est la réussite scolaire de ces jeunes durant leurs années au collège. Cela suppose que dès maintenant nous soyons en mesure de répondre à des attentes précises de ce public.

À l'entrée au collège, l'élève d'aujourd'hui a déjà été en contact avec la langue étrangère, certes dans des conditions variables et avec un profit inégal. Il ne peut donc être totalement considéré comme un débutant et sa vision de notre contenu d'enseignement est conditionnée par cette première expérience. Pour les uns, l'anglais est déjà un nouveau domaine passionnant à explorer et maîtriser, et le maître doit se préparer à satisfaire un appétit de savoir et un désir d'autonomie. Pour d'autres, la langue est associée à une vision très ludique de l'activité scolaire, qu'il faut se garder d'ignorer ou de rompre trop rapidement au nom d'une conception qui se veut « sérieuse » et qui sera ressentie comme rigoriste et pénalisante. Dans tous les cas, il s'agit de conduire ces jeunes au-delà, de leur donner le sentiment profond de progresser rapidement.

Entre la classe de sixième et celle de troisième, la personnalité des collégiens se transforme en profondeur tout comme leur vision de l'école. La confiance, l'espoir de réussir pèsent de plus en plus. La naïveté enfantine et l'enthousiasme cèdent la place à un besoin impérieux de reconnaissance, et parfois aussi à l'ennui, au scepticisme, à la révolte devant les injustices et les agressions de la société. Il est alors important de ne pas laisser se développer une vision trop étroitement scolaire des savoirs enseignés, mais au contraire de promouvoir une approche stimulante et enrichissante de la langue. L'évaluation, comme l'apprentissage, doivent prendre en compte bien davantage que la grammaire ou le vocabulaire : la notion de compétence à communiquer devient encore plus essentielle, de même que le sentiment de se cultiver, de se former, d'être mieux apte à comprendre le monde étranger, non seulement son mode de vie présent, mais plus encore son héritage, ses traditions, ses institutions, les événements qui l'ont marqué, ce qu'il a reçu des autres civilisations et ce qu'il a apporté en retour.

Il reste que la difficulté majeure de l'anglais pour le public francophone vient davantage de ses sonorités et de ses rythmes qui, pour le récepteur comme pour le locuteur, peuvent constituer une entrave à la compréhension. La langue vivante doit faire l'objet d'un entraînement régulier à une écoute active, c'est-à-dire une éducation à l'oreille poursuivant le travail entrepris à l'école et une pédagogie audio-orale visant à rendre l'élève efficace dans le repérage rapide comme dans la compréhension affinée.

La lecture, guidée en classe, puis de plus en plus autonome constitue un terrain d'élection de l'entraînement langagier : plaisir de lire en anglais, d'extraire des informations.

Cette pédagogie en prise directe sur la réalité du discours doit être consolidée par l'acquisition progressive d'un bagage de connaissances linguistiques (lexique, grammaire, catégories sémantico-grammaticales), une réflexion guidée sur les faits de langue et la dimension énonciative du langage.

Il faut donc qu'intervienne dans la durée tout ce qui constitue un véritable entraînement. L'élève n'étant pas en situation d'immersion à l'étranger doit tirer un profit maximum des moments en présence du maître et de ses camarades et consolider son appropriation par un travail personnel entre les cours. La langue ne viendra pas à lui sans effort. S'il existe bien un plaisir d'apprendre et un « gai savoir », y a-t-il vraiment un « anglais sans peine » ? À l'élève d'aller au-devant de la langue : effort d'attention, de mémorisation, prise de risque, volonté de recommencer, respect des consignes et prise en compte des critères de réussite ne sauraient être ignorés dans un apprentissage en milieu scolaire, qu'il s'agisse de l'anglais ou de toute autre discipline.

Enfin, à tous les stades de l'apprentissage, il est nécessaire de reconnaître un statut et un rôle à l'élève. Si le maître ne peut agir totalement sur la motivation personnelle, il obtient toujours les meilleurs résultats en donnant à l'élève les moyens de se situer et d'agir dans le domaine étudié. Dans notre discipline il est donc essentiel de toujours considérer l'élève comme un véritable locuteur.

FICHE GUIDE 1

LES VARIATIONS LINGUISTIQUES

Il est souhaitable de présenter la langue aux élèves dans sa diversité, même si le *Standard English* et la *Received Pronunciation* sont la base choisie en milieu scolaire. Les variations de la langue portent à la fois sur le lexique, sur la grammaire et sur la prononciation.

Type de textes

• Dialogue et texte narratif / théâtre / poésie.

Activités : repérer les indices pour chaque catégorie et étudier le vocabulaire correspondant.

Variations historiques et géographiques

• Évolution de la langue.

Activités : recherche étymologique, comparaisons, travail sur les doublets (terme anglo-saxon / terme latin).

• Particularités géographiques.

Activités : étude des modifications orthographiques ou lexicales entre l'anglais britannique et une autre variation / écoute de documents sonores présentant des accents différents.

Variations sociales et techniques

• Niveaux de langue.

Exemple : la langue populaire.

> – *You going to see about that job?*
> – *Yeah, Ma.*
> – *Ain't you going to eat?*
> – *I ain't got time now.* (Richard Wright, *Native son*).

Activité : retrouver la formulation « correcte » en *Standard English*.

• Langages spécifiques (langue juridique, commentaire sportif, etc.).

Exemple : le langage de la publicité.

> *New Clorox 2 gets almost any stain he can dish out. (…) Save 50c on new improved Clorox 2, any size, liquid or powder. (Only one coupon per purchase on specified Clorox product).*

Activités : étudier le vocabulaire propre à un domaine ou à un « jargon » professionnel.

Les registres de langue

• Registre courant (*informal*).

Exemple : narration d'un fait divers.

> *Two teennagers armed with a gun and knife seized a school bus last night and took the driver and six children hostage in the Canadian town of Osoyoos. Police followed the bus for 80 miles before stopping it. After talks, the youths surrended and freed the hostages unharmed.* (*The Daily Telegraph*, 29 May 1996).

• Registre familier (*colloquial*) : ce registre doit, bien entendu, être traité en reconnaissance passive seulement.

Exemple : l'argot (*slang*) dans un dialogue.

> *She's got no heart in her. She's a stone, a slab o' granite, a bastard, a blood-tub, a potato face, a swidel-eyed gett, a rat-clock.* (Alan Sillitoe, *Saturday night and Sunday morning*).

• Registre soutenu (*formal*).

Exemple : la langue littéraire.

> *We set out accordingly over the moors, by the way of Whitby, and began our journey betimes, in hopes of reaching Stockton that night; but in this hope, we were disappointed in the afternoon, crossing a deep gutter, made by a torrent, the coach was so hard strained, that one of the irons, which connect the frame, snapt, and the leather sling on the same side, cracked in the middle.* (Tobias Smollett, *Humphry Clinker*).

Activités.

Repérage : identifier le ou les registres d'un texte.

Translation : rechercher les termes correspondants dans un autre registre / réécrire un texte dans un autre registre.

FICHE GUIDE 2

L'AUTHENTICITÉ DES ÉCHANGES EN CLASSE

COMPRÉHENSION ORALE

Principes

Établir les conditions d'une écoute « active », c'est-à-dire :

- Motiver l'écoute (*Why listen?*) Écouter et comprendre que ce qui est dit est indispensable à la communication : il faut faire sentir aux élèves que cette première étape est essentielle dans la progression vers l'autonomie. Pour faciliter cette prise de conscience, il est bon de prévoir des activités préparatoires qui mettent les élèves en confiance et suscitent le désir d'écouter pour en savoir plus.
- Proposer une tâche d'écoute. Pour être efficace, la consigne *listen*! doit s'accompagner d'un complément.

Activités.

> *Listen and repeat : the words; the sentences.*
> *Listen and choose : the appropriate picture; the appropriate assertion.*
> *Listen and find out : what's happening and where it's happening; who's talking; what's missing.*
> *Listen and find the order (pictures, sentences...).*
> *Listen and classify (words, pictures...).*
> *Listen and fill in (the blanks; a chart...).*

EXPRESSION ORALE

Principes

- Encourager la prise de parole (*Why talk?*). Les élèves doivent comprendre que parler en classe de langue n'est pas un exercice contraignant mais, comme la conversation en langue maternelle, une démarche de communication avec les autres. Pour cela deux recommandations :

  – éviter le plus possible les échanges stériles et artificiels consistant à demander une information déjà connue de tous ou à utiliser artificiellement la langue (exercices structuraux : *drills*) et leur préférer des situations de communication stimulantes;

  – multiplier les formes de la prise de parole. Ne pas limiter les échanges à un questionnement entièrement mené par l'enseignant lui-même qui réduit encore le temps de parole de l'élève et proposer des formes plus communicatives comme le débat ou le travail par groupes.

Écueils

L'instauration de la communication se heurte à deux obstacles principaux :

• La langue étrangère.

Décalage entre la compétence linguistique et le contenu. Les élèves n'ont pas toujours les moyens linguistiques de s'exprimer. Il convient de mettre en place toute une panoplie d'aides pour permettre une meilleure efficacité des activités de prise de parole.

Fluency et accuracy. Cette difficulté rejoint le problème du traitement de l'erreur : l'intervention du professeur est nécessaire aux progrès individuels mais risque d'être un obstacle à la spontanéité : les activités de production guidées se prêtent à une exigence plus grande de correction linguistique et phonologique (priorité : *accuracy*). Lors des activités de production libérée, il est préférable de laisser chacun s'exprimer (priorité : *fluency*).

• L'apprentissage de la socialisation.

La classe réunit de manière arbitraire un groupe de personnes qui établissent des échanges imposés avec des interlocuteurs qu'ils n'ont pas choisis.

La qualité des échanges dépend de la relation qui s'établit entre les élèves d'une part, et entre les élèves (adolescents) et l'enseignant (adulte) d'autre part. Un équilibre est à trouver pour établir les conditions d'un échange fructueux malgré ces difficultés inévitables.

Activités favorisant les échanges

• Mettre en scène des situations de la vie quotidienne.

Exemple : demander son chemin, faire ses courses, téléphoner à un ami.

• Échanger des informations individuelles.

Exemple : s'interroger sur la vie quotidienne, les loisirs de chacun, etc. (collectivement ou en groupes).

• Demander aux autres un renseignement que l'on ne détient pas.

Exemple : à partir de textes lacunaires, de cartes-rôles, de documents différents répartis entre les élèves, chacun recherche auprès des autres les informations qui lui manquent.

• Rapporter des informations.

Exemple : faire un compte rendu après la lecture d'un dossier ou d'un livre.

• Participer à une activité de socialisation.

Exemple : jeux, chants, narration.

FICHE GUIDE 3

ACTIVITÉS DE COMMUNICATION ENTRAÎNEMENT À LA LECTURE

La scolarité de l'élève au collège doit lui permettre de développer des stratégies fondées sur une pratique de la lecture fonctionnelle.

Principes

- Principe 1 : réserver la lecture à haute voix à son rôle dans l'apprentissage de la prononciation (assurer le lien graphie-phonie) ou à la transmission d'un message écrit que les autres membres du groupe n'ont pas sous les yeux.
- Principe 2 : c'est la lecture silencieuse qui permet de tester la compréhension.
- Principe 3 : la lecture a pour finalités essentielles la recherche d'information (lecture fonctionnelle) et la découverte individuelle (lecture plaisir).

Progression proposée pour la sixième

1. Lire un énoncé ou une consigne.
2. Lire une carte ou un plan.
3. Lire une légende, un menu, une liste.
4. Lire un formulaire, un questionnaire, une notice.
5. Lire une lettre, un texte informatif.
6. Lire une bande dessinée, un poème, un court texte de fiction (lecture plaisir).
7. Rechercher des informations dans un texte (compréhension globale ou analyse détaillée) pour compléter un questionnaire ou transmettre une information aux autres membres du groupe.

Progression proposée pour la troisième

1. Identifier l'idée générale d'un texte et s'initier à la lecture globale (*skimming*).
2. Extraire des informations spécifiques (*scanning*) à partir de supports variés et de tous les types de textes.
3. Déduire, inférer le sens, prédire.
4. Découvrir une œuvre complète.

Le coin bibliothèque

La création d'une bibliothèque de classe, dont les élèves eux-mêmes peuvent être responsables, est une initiative très fructueuse. Le fonds peut contenir des ouvrages de documentation générale en français et en anglais (guides touristiques, civilisation, thèmes d'actualité, etc.), des journaux et des magazines, des bandes dessinées, des recueils de contes et de nouvelles, des œuvres littéraires.

Cette activité peut déboucher sur la rédaction de fiches de lecture ou sur des comptes rendus de lecture oraux (en français) destinés à guider les choix ultérieurs des autres élèves et à stimuler leur désir de lire.

FICHE GUIDE 4

ACTIVITÉS DE COMMUNICATION ENTRAÎNEMENT À L'ÉCRITURE

Périodiquement, les activités en cours et dans le travail personnel de l'élève doivent viser la construction d'une compétence spécifique en production écrite.

Principes

- Principe 1 : cet entraînement doit être progressif tout au long de l'année, mais également continu, de la première année au collège jusqu'à la classe de troisième.
- Principe 2 : cet entraînement sera ciblé sur une typologie d'écrits dont l'utilité est évidente pour l'élève à la fois dans ses études et dans sa pratique personnelle de la langue.
- Principe 3 : l'écriture intervient lorsque l'élève s'est approprié les outils linguistiques pertinents pour la production du type de message attendu.
- Principe 4 : l'activité d'écriture doit s'appuyer sur l'observation d'un modèle authentique, le repérage de ses constitutifs, de la situation d'énonciation (à qui écrit-on? pour obtenir ou dire quoi?).
- Principe 5 : il est exclu que l'activité d'écriture soit réservée aux seules situations d'évaluation. Elle a pour but de stimuler avant tout l'apprentissage.

Progression proposée pour la sixième

1. Recopier dans le cahier les notes au tableau.
2. Compléter son emploi du temps en anglais (en observant bien la graphie).
3. Rédiger les légendes d'une carte des îles Britanniques, du monde anglophone, des États-Unis, en observant bien la graphie.
4. Résumer la situation du dialogue étudié (passage au style rapporté au *simple present*).
5. Comparer des personnages, des objets, des situations.
6. Dresser une liste de ses goûts ou de ses activités préférées.
7. Rédiger le portrait de quelqu'un.
8. Préparer une liste de questions pour le professeur, l'assistant, un camarade.
9. Rédiger un petit compte rendu de l'entretien à l'aide de ces questions.
10. Créer un dialogue avec transposition.
11. Écrire une lettre pour se présenter à un correspondant étranger.
12. Rédiger des légendes pour les photos à joindre à cette lettre.

Les activités quatre à douze doivent être reprogrammées au moins deux fois dans l'année avec des variations de contexte (jeu de rôle : on écrit ensuite comme si on était un(e) jeune Anglais(e).

Progression proposée pour la troisième

1. Prendre des notes.	1. *Taking notes.*
2. Faire un résumé.	2. *Precis writing.*
3. Rédiger des paragraphes avec : – des définitions – des détails ou exemples – en utilisant comparaisons ou contraire – en exprimant la cause et la conséquence	3. *Writing paragraphs :* *– with definitions* *– with details or examples* *– using comparison or contrast* *– expressing cause and effect*
4. Écrire des essais contenant : – des informations / instructions – persuasives / argumentées – critiques / analytiques – au contenu historique et exprimant une opinion personnelle	4. *Writing essays :* *– informative / instructive* *– persuasive / argumentative* *– critical / anlytical* *– historical* *– biographical* *– personal (expressing mood or opinion)*
5. Rédiger des textes narratifs : – imaginer une histoire – résumer l'action – inventer un personnage – planter un décor – employer des dialogues – imaginer début / fin heureuse – choisir un titre évocateur	5. *Writing narratives :* *– finding story ideas* *– summing up the plot* *– creating character* *– using the setting* *– using dialogue* *– beginning well / ending well* *– choosing a good title*
6. Rédaction de reportages : – à la suite d'une interview – à partir d'une émission de radio – de la lecture d'un livre – d'une émission de télévision – d'un film au cinéma ou d'une pièce de théâtre – d'une visite au musée	6. *Writing reports :* *– after an interview* *– on listening to a programme* *– on reading a book* *– on watching a TV programme* *– on watching a play or film* *– on visiting a monument or museum*
7. Écrire des lettres professionnelles : – une lettre d'information – une demande d'emploi	7. *Writing business letters :* *– a letter of request* *– an application letter*
8. Écrire des lettres personnelles : – une lettre amicale – un courrier de remerciements	8. *Writing social letters :* *– friendly letter* *– a letter of thanks*

Interaction des quatre compétences
An accident

Objectif : comprendre et élaborer un récit au passé.

Support : enregistrement d'un bulletin d'information (authentique ou fabriqué) relatant un accident de la circulation.

Savoir-faire : compréhension d'un message oral; reformulation; rédaction d'un compte rendu.

Présentation de la situation et anticipation

• Vocabulaire.

Introduction : vocabulaire spécifique (*crash, vehicle, driver, witness, to be involved, injured, hurt...*); vocabulaire de la circulation routière (*speed, traffic, Highway Code, a bend*, etc.); vocabulaire des intempéries (*bad weather conditions, heavy rain, storm, fog*, etc.).

Réactivation : les types de véhicules (*car, coach, lorry...*); l'expression de la peur (*to be terrified, panicked, upset*, etc.).

• Structures.

Introduction : prétérit passif (*to be involved, to be hurt, to be taken to hospital...*).

Réactivation : expression de l'hypothèse (*may, might, perhaps, maybe*); prétérit actif (simple et continu).

• Activités préparatoires. Présenter la situation, le vocabulaire et la forme passive en expliquant que le document relate un accident et en faisant émettre des hypothèses à partir des *wh*-questions (*where do you think it could take place? / Who was involved? / What happened? / Why? / How did the people react? / Were there any victims?*, etc.).

Audition du document sonore

• Tâche d'écoute : prendre des notes concernant le lieu, les circonstances, les causes, les protagonistes, les victimes.

• Mise en commun.

Prise de parole : *pairwork*

Consigne.

Rôle A : vous êtes journaliste. Vous interrogez un témoin de l'accident (Qu'a-t-il vu? entendu? / Où se trouvait-il? / Que pense-t-il des causes de l'accident? (état du véhicule, état de la route, conditions météorologiques, comportement des personnes) / Qui est responsable?, etc.).

Rôle B : vous avez été témoin de l'accident. Un journaliste vient vous interroger. Vous répondez à ses questions.

Aide éventuelle : rappel de questions clés : *Where were you? / What happened? / What did you notice? / How fast was the man driving?* Construction de phrases au passé, du type : *I was driving... when I saw...*).

Écriture

• Rédaction par groupes d'un article de journal relatant l'accident.

Consignes. Inclure obligatoirement les éléments suivants : un « chapeau »; deux sous-titres introduisant chacun un paragraphe (l'un sur les circonstances de l'accident; l'autre sur les conséquences). Utiliser des verbes au prétérit (actif et passif). Éviter les répétitions en utilisant des synonymes.

ENSEIGNER UN SYSTÈME LINGUISTIQUE

Catch the spirit : La phonologie dans l'apprentissage de l'anglais

On nous dira qu'enseigner l'anglais tel qu'on le parle est une gageure puisqu'on le parle avec des accents si différents : en Angleterre selon que l'on soit au nord ou au sud, que l'on soit ou non instruit, que l'on vienne d'Écosse ou d'Irlande, des États-Unis ou de l'Inde...

Certes, mais une première constante est à prendre en compte : celle de l'accent d'intensité ou stress, élément stable de la langue, que l'on peut observer au niveau du mot comme au niveau de l'énoncé.

Les projets de programme de sixième nous le rappellent avec quelques exemples significatifs.

1. Dans tout énoncé on donne une information. Cette information est marquée d'abord par la prononciation.

This is ***John****.*
There is a ***book*** *on the table.*
You *are not Peter.*
He *is Peter.*

Ceci est très aisément repérable et doit être exploité, encouragé, exigé dans la pratique du niveau débutant jusqu'en terminale.

2. La chaîne parlée anglaise a un caractère accentuel que l'on peut opposer à la segmentation syllabique de la chaîne parlée française.

3. Chaque langue a des phonèmes spécifiques :

– pas de voyelles nasales en anglais;
– des sons qui n'existent pas en français, auxquels l'oreille du jeune élève n'est pas accoutumée, qu'il a du mal à identifier ou à reproduire.

4. Il y a des liens nombreux et essentiels entre le système grammatical et les phénomènes sonores.

Le professeur doit donc, pour être efficace, avoir des visées claires et des exigences constantes.

• Avoir conscience des difficultés liées à l'identification des caractéristiques : il est nécessaire d'exposer l'oreille à un son de qualité (bien articuler, utiliser du bon matériel), d'utiliser une langue naturelle et authentique (ne pas ralentir le débit, ne pas déformer les sons et les rythmes), miser sur l'imprégnation (bien faire écouter, en classe, au laboratoire).
• Avoir des exigences réduites en nombre et non hiérarchisées :

– Les phonèmes : sonorités non françaises; réalisation phonique du morphème *s* (pluriel) ou *ed* (marque du passé); réalisation des voyelles non accentuées (***driv****er*, ***doct****or*, ***post****man*) ou

(***vil***_lage_, ***tick***_et_, ***mo***_ney_); sensibiliser aux rapports graphie-phonie : *He ate his cake with care in the car.*
– Le rythme et l'accentuation : de mot (_a_***bout***, ***accord***_eon_, _be_***hind***, _be_***gin***, ***tea***_cher_, ***vi***_sitor_, ***li***_terature_); (***milk***_man_, ***head***_girl_, ***plough***_man's lunch_) et du groupe de mots (groupe de sens, groupes de souffle). Recherche de points d'appui, technique liée à celle de la lecture.
– L'intonation : neutre (descendante ou montante); non neutre.

• Manifester ces exigences à haute fréquence. On croit que la correction engendre toujours l'inhibition. Cela est vrai si elle est pénalisante et insistante. Inversement, corriger n'est pas bloquer. Il faut donner à l'élève les moyens d'évaluer et de rectifier sa production.

• Ne pas cloisonner la phonologie, ne pas l'isoler de ce qui est important dans le sens du message. Les quelques « minutes d'entraînement à la prononciation » ne sont pas inutiles, mais elles ne sont pas la panacée. L'heure de cours sur la phonologie anglaise est inutile.

• Il est donc important d'être, sinon obsédé par l'erreur potentielle, du moins constamment vigilant et exigeant : la prononciation s'enseigne sans arrêt.

Il nous faut, avant de terminer sur ce premier point, rappeler l'importance des techniques de classe, dont certaines sont anciennes et toujours efficaces, et d'autres plus récentes et sans doute insuffisamment utilisées :
– la présentation systématique des sons;
– une pincée modeste de phonétique (le curry linguistique doit rester léger et non abîmer le palais et les papilles);
– le repérage visuel de l'accent de mot ou de phrase (geste de la main, schéma, signes);
– la répétition individuelle mais aussi collective (stimulante ou sécurisante);
– le chant scandé (*This is the house that Jack built*) ou le *part-talking* (*Kent road, Kingston road, Kensington road*);
– la lecture murmurée pour soi avec un modèle à l'appui;
– l'écoute intensive au laboratoire avec des *drills* phonétiques ciblés et programmés sur les objectifs cités plus haut;
– associer mémorisation et vocalisation.

Enfin, une technique à proscrire car elle engendre d'incalculables inhibitions pour certains : la lecture à voix haute en présence d'un groupe, sans modèle, sans imprégnation préalable, sans guidage : c'est hélas la plus répandue et de très bon manuels la prescrivent involontairement.

Deux techniques à promouvoir : le chant et l'art dramatique. Ce sont des activités complètes dont les maîtres d'école savent tous les bienfaits.

Chacun choisira sa méthode. Mais, ainsi que le rappelle W.S. Allen, « *It is important to start good habits from the very first lessons* ».

FICHE GUIDE **5**

SONORITÉS ET RYTHME : SUPPORTS AUTHENTIQUES

Les différents supports présentés ici permettent une familiarisation avec les particularités phonologiques de la langue anglaise en même temps qu'une découverte du patrimoine culturel. Ils donnent l'occasion de joindre l'utile à l'agréable!

Il en existe une multitude. Nous avons choisi quelques exemples, en fonction de nos goûts personnels, parmi ceux qui nous semblent bien adaptés.

Tongue-twisters

She sells seashells on the sea-shore
The shells she sells are seashells I'm sure
So if she sells seashells on the seashore
I'm sure that the shells she sells are seashore shells

Peter Piper picked a peck of pickled pepper
A peck of pickled peper Peter Piper picked
If Peter Piper picked a peck of pickled pepper
Where's the peck of pickled pepper
Peter Piper picked?

Betty Botter bought some butter
But, she said, this butter's bitter
If I put it in my batter
It will make my batter bitter
But a bit of better butter
Will make my batter better

Nonsensical rhymes

Ces comptines qui ont pour seul objet le jeu gratuit sur les sonorités, sont idéales pour le travail sur la phonologie!

Hey diddle, diddle
The cat and the fiddle
The cow jumped over the moon
The little dog laughed
To see such sport
And the dish ran away with the spoon

Owen Moore went away,
Owing more than he could pay.
Owen Moore came back next day,
Owing more.

Sing a song of sixpence
A pocket full of rye,
Four and twenty blackbirds
Baked in the pie.
When the pie was opened
The birds began to sing
Oh wasn't that a dainty dish
To put before the king.

Goosey, Goosey Gander
Where shall I wander?
Upstairs and downstairs
And in my ladies chamber
There I met an old man
Who would'nt say his prayers
I took him by the left leg
And threw him down the stairs.

Chansons traditionnelles[1]

Choisir des chansons à sonorités récurrentes.

• *Old MacDonald*

Old MacDonald had a farm,
EIEIO
And on that farm he had a cat,
EIEIO
With a miaow-miaow here and a miaow-miaow there
Here a mioaw, there a miaow, everywhere a mioaw-miaow
Old MacDonald had a farm,
EIEIO
And on that farm he had a dog,
EIEIO
With a woof-woof here and a woof-woof there,
Here a woof, there a woof, everywhere a woof-woof
Miaow-miaow here and a miaow-miaow there,
Here a mioaw, there a miacw, everywhere a miaow-miaow
(…)
A duck (quack-quack) / A cow (moo-moo) / A pig (oink-oink)

1. Voir *Singlish*, Nathan, 1989 ou *Songs and rhymes for the teaching of English*, Longman,1968/1993.

• *One man went to mow*

> *One man went to mow*
> *went to mow a meadow*
> *one man and his dog went to mow*
> *went to mow a meadow*
> *Two men... / three men... / four men... / five men.*

Jazz chants

Inventés par Carolynn Graham à partir de tournures de la vie quotidienne mises en musique sur un rythme de jazz, les chants (prononcer / t ʃ a : nt /) favorisent la mémorisation des sonorités et de l'intonation.

• *Do you ever wear boots in the bathtub?*

> *Do you ever wear boots in the bathtub?*
> *Do you ever wear pyjamas in the pool?*
> *Do you ever wear socks in the shower?*
> *Do you ever wear skis at school?*
> *No, I never wear boots in the bathtub*
> *No, I never wear pyjamas in the pool*
> *No, I never wear socks in the shower*
> *No, I never wear skis at school*[1] *(...)*

Poèmes

La découverte de la littérature peut se concilier à la pratique de la prononciation grâce à la répétition et à l'apprentissage de poèmes à structure ou à sonorités répétitives.

• *My Aged Uncle Arly* (*by* Edward Lear [1812-1888])

> *O my aged Uncle Arly!*
> *Sitting on a heap of barley*
> *Thro' the silent hours of night, -*
> *Close beside a leafy thicket*
> *On his nose there was a cricket, -*
> *In his hat a railway ticket*
> *(But his shoes were far too tight).*

---

1. C. Graham, *Let's chant / Let's sing* (vol. 3), Oxford University Press, 1996. Voir aussi, du même auteur *Jazz chants for children.*

- *Travel* (*by* Rupert Brooke [1887-1915])

  T' was when I was in Neu Strelitz
  I broke my heart in little bits
  So while I sat in the Mûritz train
  I glued the bits together
  But when I got to Amerhold,
  I felt the glue would never hold
  And now that I'm home to Barton Hill,
  I know once broken is broken still.

- *Rain* (*by* R.B. Stevenson [1850-1894])

  The rain is raining all around,
  It falls on field and tree,
  It rains on the umbrellas here,
  And on the ships at sea.

Proverbes

An Englishman's house is his castle (accentuation / prononciation du *h*).

To cut one's coat according to one's cloth (son / *k* /).

Many go out for wool and come home shorn (différentes prononciations de la voyelle *o*).

When the cat is away, the mice will play (rimes / intonation).

The devil was sick, the devil a monk will be. The devil was well, the devil a monk was he (structure répétitive).

FICHE GUIDE 6

SONORITÉS ET RYTHME
ACTIVITÉS

La contextualisation

Comme pour les autres domaines de la communication, il est souhaitable de présenter les phénomènes phonologiques dans un contexte et de ne pas faire de leçons spécifiques. L'apprentissage de la prononciation s'intègre aux autres aspects de la découverte linguistique et culturelle. La mise en contexte se fait en créant une unité autour :

• D'un champ lexical.

Exemple : insister sur la prononciation du *th'* à l'occasion d'une leçon sur les nombres ordinaux (*fourth, fifth*, etc.).

• D'une structure ou d'une catégorie grammaticale.

Exemple : analyser le problème de l'accentuation des mots de trois syllabes ou plus au cours d'une séance portant sur la formation du comparatif : accentuation sur la première syllabe (*interesting, different, comfortable*, etc.); accentuation sur la deuxième syllabe (*intelligent, incredible, ridiculous*, etc.); accentuation sur la troisième syllabe (*independent, sympathetic, understandable*, etc.).

• D'un support (texte, image, document sonore, etc.).

Exemple : présenter les diphtongues à partir des cris d'animaux dans la chanson *Old MacDonald.*

• D'un fait culturel.

Exemple : découvrir la notion de forme faible à partir des couples célèbres. Forme faible de *and* dans : *Romeo and Juliet, Bonnie and Clyde, Tom and Jerry*, etc.).

Activités de repérage

• Discrimination auditive.

Réponse gestuelle : lever la main lorsque l'on entend le son ou le schéma intonatif étudié

Chercher l'intrus : identifier le mot dont la sonorité ou l'accentuation diffère ou la phrase qui n'a pas le même schéma intonatif.

Exemple : intonation montante ou descendante dans une série de *jokes*[1] : laquelle de ces questions diffère des deux autres?

1. *Why do birds fly south in winter? (answer : because it's too far to walk).*
2. *Have you ever seen a rabbit wearing glasses?*
3. *How does a dentist examine a crocodile's teeth? (answer : very carefully).*

---

1. *In* S. Rayner : *My first picture joke book*, Picture Ladybird.

Grille de loto : cocher la case correspondant au mot ou au son entendu.

Tri et classement : compléter des listes ou un tableau selon la prononciation.

Exemple : classer les mots de cette liste de noms de vêtements, selon la prononciation du *i : tie, shirt, skirt, nightdress, slippers, stockings, evening-dress.*

1. son / i / de ship   2. son / : / de bird   3. son / ai / de side.

Transposition écrite : transcrire à l'aide de l'alphabet phonétique, souligner la syllabe accentuée, coder la chaîne des sons (oOO, etc.).

• Lien graphie-phonie.

De la graphie à la prononciation : répertorier les différentes prononciations d'une lettre.

Exemple : gh : 1. ne se prononce pas (*right*)   2. se prononce : / g / (*ghost*)   3. se prononce / f / (*enough*).

De la prononciation à la graphie : répertorier les graphies possibles pour une même sonorité.

Exemple : le son / u :/ peut s'écrire : 1. oo (*boot*)   2. u (*rude*)   3. ew (*new*)   4. ou (*through*).

Activités de fixation

• Téléphone arabe (*Chinese whispers*) : transmettre un énoncé sans en altérer la prononciation.

• Reproduction muette : imiter le mouvement des lèvres.

• Répétition fractionnée.

Exemple :

(*backward building*)

The train
The three thirty train

(building-up)

The three thirty train to Tooting
The three thirty train to Tooting tootled
The three thirty train to Tooting tootled through the tunnel.

• Lecture à haute voix.

• Récitation, chant, dramatisation.

FICHE RESSOURCE **2**

GROUPE DE CONSOLIDATION
SIXIÈME

Découverte des sonorités
The alphabet

Objectif : apprendre à épeler.

Savoir-faire : initiation à la discrimination auditive.

Présentation de l'alphabet

- Épeler des sigles (BBC; USA; WWF, etc.).
- Découvrir à l'issue de l'activité que certains sons se retrouvent dans plusieurs lettres et compléter la liste des lettres groupées par sonorités :

A	H, J, K
B	C, D, E, G, P, T, V
F	L, M, N, S, X, Z
Q	U, W
I	Y
O	
R	

Fixation

- Jeu de l'intrus (activité orale) : quel mot ne contient pas le son / ei / de A, H, J, K?

1. *grapes* 2. *grey* 3. *green*

Quel mot ne contient pas le son / i : / de B, C D, E?

1. *leaf* 2. *like* 3. *leek*

Quel mot ne contient pas le son / ju / de Q, U, W?

1. *uniform* 2. *water* 3. *view*

Quel mot ne contient pas le son / u / de O?

1. *boot* 2. *boat* 3. *phone*

Quel mot ne contient pas le son / a : / de R?

1. *car* 2. *bar* 3. *rare*

- Jeu du pendu (*hangman*).
- Épeler des noms de pays ou villes de langue anglaise (England; London; New York, etc.).

FICHE RESSOURCE **3** **CYCLE CENTRAL**

La marque sonore du passé
Famous women from the past

Objectif : repérer et analyser un phénomène phonologique : les différentes prononciations de la marque du passé *-ed*.

Support : liste de femmes ayant joué un rôle historique et énumération de leurs actions.

Matching Exercise

Famous women from the past and the present

1. Mary Robinson	a. *defeated the British*
2. Queen Victoria	b. *suceeded in becoming The President of the of Republic of Ireland*
3. Alison Hargreaves	c. *climbed Mount Everest*
4. Agatha Christie	d. *founded the American Equal Rights Association*
5. Margaret Thatcher	e. *reigned for over 63 years*
6. Lady Diana	f. *invented Miss Marple*
7. Joan of Arc	g. *divorced the Prince of Wales*
8. Mary Wollstonecraft	h. *stayed in office for eleven years*
9. Elisabeth Candy Stanton	i. *published the first book about the Rights of Women*

(Answers : 1b / 2e / 3 c / 4 f / 5 h / 6 g / 7 a / 8 i / 9 d)

Déroulement de l'activité

1. Réviser le prétérit et discuter collectivement du tableau ci-dessus (*Do you know any of these women? / Who invented Miss Marple? / Do you agree? / Who can tell us more about...? / What did she do?*, etc.).

2. Relier chaque action à son auteur.

3. Lire les phrases en repérant la prononciation de la terminaison.

4. Indiquer qu'il existe trois prononciations différentes du *-ed* final et classer les verbes en trois colonnes :

/ d / : reigned; climbed; stayed;
/ id / : invented; defeated; founded, succeeded;
/ t / : published; divorced.

Expliquer que la prononciation dépend de la dernière lettre de la base verbale.

5. Compléter la règle.

Lorsque la base verbale se termine par un t ou un d, la terminaison *-ed* se prononce : /... /.

Lorsque la base verbale se termine par une consonne sourde (sons / s /, / k /, / f /, /... /, etc.), la terminaison *-ed* se prononce /... /. Lorsque la base verbale se termine par une consonne sonore (sons / b /, /... /, /... /, etc.) ou une voyelle, la terminaison *-ed* se prononce /... /.

Prolongements

- Écouter une série de phrases contenant des verbes réguliers conjugués au prétérit et les classer selon la prononciation de la terminaison.
- Écouter une chanson, lire une histoire, un poème ou un texte et repérer les verbes et leur prononciation.

FICHE RESSOURCE **4** **TROISIÈME**

Améliorer son accent
Interpréter un rôle

La conjonction de deux facteurs, l'un linguistique, l'autre psychologique, risque d'entraîner une dégradation dans la qualité phonologique de l'anglais produit par les grands élèves. D'une part, l'augmentation de la masse linguistique pratiquée ne permet plus au professeur de réagir à chaque erreur d'accentation, à chaque voyelle francisée ou mal diphtonguée. D'autre part, une certaine inhibition tout comme l'installation pernitieuse d'un climat un peu négatif dans certaines classes, peuvent progressivement entamer la confiance et l'enthousiasme qui permettaient à ces mêmes élèves, lorsqu'ils étaient en classe de sixième ou de cinquième, de s'imprégner des sons et des rythmes anglais et de les reproduire avec une fidélité parfois saisissante.

L'idée est cette fois, non pas de miser sur l'expression personnelle (parler en son nom) mais plutôt d'adopter un rôle et de bénéficier de l'effet de masque bien connu, qui fait appel à l'esprit ludique (on « joue » à être quelqu'un d'autre) et fournit une situation totalement décrispante puisque l'on a le sentiment de ne pas être personnellement engagé.

On remarquera que, dans ces deux situations, on ne fait pas appel au répertoire dramatique, qui regorge de possibilités intéressantes, mais plutôt au type de communication très présent dans les médias contemporains.

Le message publicitaire

- On fera réaliser par un collègue, un assistant, ou un ami anglophone une version sonore de cette publicité pour une méthode d'affirmation de soi en société. Les élèves seront amusés par l'expression de cette volonté de pouvoir, vieille comme l'humanité, mais moralement discutable. Il est indispensable de demander à l'interprète de produire une version très dramatisée du texte, avec un ton volontairement exagéré et très persuasif. Tous les éléments phonologiques doivent être clairement mis en relief, avec un débit naturel mais pas trop rapide.

Make anyone do anything, you mentally command with your mind alone!

> *Now! Silently command, control, dominate anyone with the power of your mind* ***alone****. Say Nothing.*
> *Miraculously watch strangers your friends and colleagues, even strangers do what* ***you*** *wish willingly, quickly.*
> *You can do it because you have* unknowingly *done it your entire life.*
> *Our uncanny technique lets you perform it* ***upon demand****.*
> *Our new original and intriguing* ***Success****.*
> *Activator Symbol helps develop concentration and mental imagery.*
> *Send only 3 dollars. Money back guarantee.*
> ***Commandoco****. Div.K-342. 15 West 38th St. New York, NY 10018*
> *(adapted from advertisement in newspaper).*

- En classe ou au laboratoire, on distribue le texte de l'annonce, assorti de quelques explications ou même d'une traduction. La consigne donnée aux élèves tient compte de la situation d'énonciation : ils sont des acteurs engagés pour enregistrer un message publicitaire pour la radio ou la télévision. L'objectif est de susciter l'intérêt du client potentiel.
- Écoutes ciblées de l'enregistrement modèle avec le script sous les yeux. On s'intéresse successivement à l'accentuation des mots. Après la correction de cette première phase, on projette la version « accentuée » du texte sur l'écran à l'aide d'un transparent. On repère maintenant les schémas intonatifs.
- *Shadow reading :* enregistrement à l'appui, prononçant à mi-voix pour lui-même, chaque élève s'entraîne à reproduire parfaitement les sons, le rythme, le ton de l'annonce.
- Séance d'interprétation publique : les critères d'interprétation sont rappelés et chaque performance d'élève est évaluée par la classe.
- Travail individuel : chaque élève réalise son propre enregistrement (au laboratoire ou ailleurs) et le remet au professeur. Il reçoit une appréciation sur chacun des critères.

Le bulletin météo

Grâce à la réception des programmes de télévision par satellite, il sera aisé au professeur d'enregistrer sur son magnétoscope un bulletin météo d'une chaîne anglaise ou américaine.

Il transcrira le texte du présentateur dont les élèves pourront disposer, dès le premier visionnement ou en différé, selon que l'on intégrera ou non un exercice d'entraînement à la compréhension auditive.

Il est préférable que le travail se déroule cette fois dans la classe équipée d'un lecteur vidéo.

- Plusieurs visionnements afin de bien s'imprégner (image + son).
- Sans l'image (l'écran est caché par un rideau ou un drap) : repérage des accents de mots.
- *Idem :* repérage des accents de phrase et des schémas intonatifs.
- *Idem :* travail ponctuel des liaisons, ruptures, mises en évidence de certains segments.
- Réalisation en commun d'un prompteur recopié sur le transparent. L'écran sera positionné à l'opposé de l'écran vidéo.
- *Shadow reading :* à voix basse chaque élève s'entraîne à interpréter le bulletin en phase avec le rythme du modèle.
- Interprétation par les élèves. Chacun à son tour vient se tenir debout près de l'écran, comme un vrai présentateur, et délivre les informations en s'aidant du prompteur (où tous les phénomènes de rythme, de sonorité et d'intonation ont été transcrits) et en respectant les gestes qui correspondent à l'apparition de certaines régions ou symboles sur la carte.

- Évaluation. En fonction des mêmes critères.
- Transposition. Chaque élève reçoit un exemplaire original de carte météo et prépare son propre bulletin. Il le présente ensuite à ses camarades.

Remarque : ces techniques pourront inspirer des activités similaires basées sur des enregistrements de pièces de théâtre, en particulier des *one act plays* ou des extraits du répertoire contemporain le plus accessible.

Catch the Spirit : L'apprentissage du lexique

Vocabulaire de reconnaissance (ou lexique nécessaire à la compréhension), vocabulaire actif ou de production, organisation thématique du bagage lexical de l'élève, savoir-faire liés à l'apprentissage et à la maîtrise du lexique étranger, tels sont les maîtres mots qui conditionnent les problèmes pédagogiques liés à cette vaste et importante question.

❒ *Lexique et compréhension*

Choix et stratégies

L'entraînement à la compréhension ne peut faire l'économie de stratégies lexicales. Dès le niveau élémentaire, le professeur va donc se soucier d'entraîner ses élèves à développer des capacités d'inférence : en faisant appel au contexte immédiat, à l'environnement du mot, il est souvent possible de deviner intelligemment le sens global d'un mot inconnu, quand ce n'est pas d'un mot oublié.

Le champ des mots à sémantisme plein ne cessera de s'élargir et va contraindre le professeur à faire des choix : cibler sur les mots indispensables à la compréhension du support de la leçon nouvelle, ne pas tout expliquer (ce qui ne présenterait aucune garantie d'efficacité), toujours introduire les mots en contexte ou dans une situation explicite.

Les mots et la construction du sens

Les mots ont souvent plus d'une signification. Le seul guide pour définir le sens de ce mot reste le contexte.

Le sens lui-même peut varier en fonction de la précision ou de la spécificité du contexte. Il n'y a donc pas de sens absolu mais des relations de sens. Cette notion est essentielle pour un entraînement intelligent et efficace à la compréhension.

Il est cependant artificiel de distinguer vocabulaire actif et vocabulaire passif : la frontière est difficile à définir et l'appartenance d'un terme à l'une ou l'autre des catégories est surtout liée à sa fréquence d'utilisation.

La grammaire du mot

Elle régit à la fois la morphologie des mots et leur emploi :

– pour les noms, la notion de noms dénombrables ou comptables et de noms indénombrables ou non comptables est essentielle dans la langue anglaise;
– pour la complémentation des verbes et les verbes à particule;
– la position des adjectifs et des adverbes dans la phrase anglaise.

❒ *L'introduction du lexique dans les activités de classe*

À l'aide d'objets

Liés à la vie en classe : *pen, ruler, copybook, tape-recorder...*; liés à la vie matérielle et quotidienne : *postcard, ball, doll...* Le professeur d'anglais se déplace souvent avec un lourd attirail, cela n'étonne plus personne!

À l'aide de représentations picturales

Car, cat, bus stop, bedroom… Smile, angry, tired, happy. Above, opposite, under… Le professeur d'anglais est également un as du dessin, du découpage, de la silhouette. Il pille les catalogues et les livres d'images.

À l'aide du mime ou du geste

Eating, sleeping, smoking… The past, yesterday, before… Le professeur d'anglais se doit également d'être une « bête de scène ».

Le contraste

Black / white. Hot / cold. Big / small. Happy / unhappy.

Passage du spécifique au général

Coat, dress, trousers, socks… = clothes. *Duck, pigeon, parrot* = birds.

L'explication (ou, à défaut, la traduction)

Pour les cas les plus difficiles. À utiliser avec la plus grande modération sinon la langue cesse d'être un vecteur d'échange et de découverte.

❐ ***Établir des réseaux de sens*** *(vocabulary networks)*

Les élèves peuvent être initiés très tôt à ce travail basé sur les associations d'idées. On peut amorcer au tableau les premières ramifications à l'occasion de l'étude d'un texte ou dialogue, puis, au cours de la leçon, compléter en fonction des besoins langagiers pour la production dans un contexte donné.

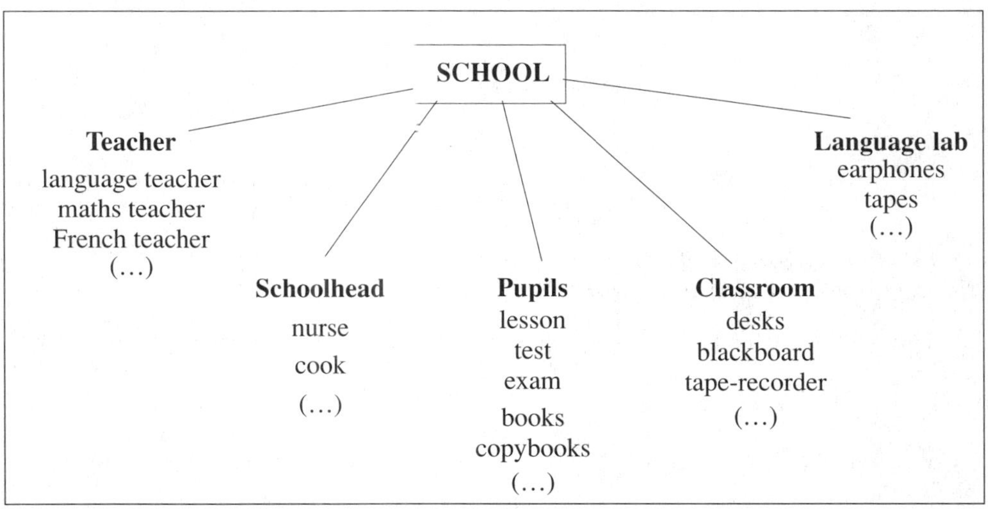

Les réseaux de mots peuvent également fonctionner sur d'autres axes que la thématique. Il est utile et souvent éclairant de présenter et de faire réemployer des couples de mots : synonymes, antonymes, couple verbe / nom.

❒ *Réflexion sur la formation des mots et savoir-faire lexical lié à leur morphologie*

Au collège, il n'est pas inutile d'éveiller la curiosité des élèves sur l'origine et la formation des mots comme *telescope, supermarket, microwave oven...*

La liste qui suit n'impose pas l'exhaustivité et sur bien des points serait encore plus utile au lycée.

Préfixation

Héritée du grec : anti (*against*); peri (*around*); tele (*far*); hyper (*over*); micro (*small*).
Héritée du latin : ex (*out*); con (*with*); pre (*before*); re (*again*); in (*not*).

Racine

Héritée du grec : dem (*people*); therm (*heat*); geo (*earth*); meter (*measure*); hydro (*water*).
Héritée du latin : voc (*call*); aud (*hear*), vid, vis (*see*); cred (*believe*); vert (*turn*).

Suffixation

Héritée du grec : ist (*one who*); phobia (*fear of*); mania (*madness for*); cracy (*rule*); ism (*condition of being*).
Héritée du latin : ous (*full of*); ty (*state or quality*); tion, sion (*act of*); er, or (*one who*); able, ible (*capable of*).
Anglo-saxonne : *helpful*; *useless*; *freedom*; *kingdom*; *happiness*; *friendship*.

Juxtaposition

Blue-eyed.

Troncation

Bus; lab.

Emprunt

Pizza; blonde; tomato (*South American Indian, then Spanish*); chocolate (*Aztec, then Spanish*).

❒ *Pour une programmation et une organisation du bagage lexical thématique*

Les lignes qui suivent s'inspirent du programme du cycle central désormais en vigueur.

Thème 1 : l'individu

Sa description : le corps; la santé, les soins corporels; l'âge, la taille; les vêtements et accessoires.

Ses repères : dans le temps; dans l'espace; les couleurs, l'aspect; les formes, dimensions, quantités.

Sa perception et ses activités intellectuelles. Son appréciation et ses réactions affectives.

Thème 2 : son environnement

Environnement animé : les personnes; la famille; les occupations et les métiers; les relations avec les autres; les animaux.

Environnement inanimé : le climat; les pays et les villes; l'environnement urbain et rural; l'habitat; le mobilier et ses accessoires. Société et institutions.

Thème 3 : ses activités

La vie quotidienne : à la maison; à l'école; les loisirs et les jeux; les sports; les fêtes. Les déplacements et les voyages.

❒ *Learner-made dictionary*

L'idée de développer l'autonomie de l'élève dans la compilation et l'organisation de son bagage lexical est de plus en plus répandue, cette conception est plus dynamique, plus souple et surtout moins mécanique que celle plus traditionnelle du carnet-répertoire alphabétique.

Il s'agit de donner aux élèves des outils pour classer, associer, hiérarchiser, réviser et mobiliser du lexique.

Cet outil combine les caractéristiques du dictionnaire (il peut être anglais-français ou anglais-anglais), du thésaurus, du répertoire d'idiomes et de proverbes.

Dès les premières années au collège, on peut ainsi éduquer chez les élèves la capacité à prendre des décisions pour classer des items lexicaux et définir des titres de rubrique. C'est une excellente initiation méthodologique en même temps qu'une réflexion sur la nature et l'organisation du langage.

En plus des listes thématiques et des observations relatives à la morphologie ou la formation des mots, on envisagera l'opportunité de faire apparaître les éléments suivants :

– verbes irréguliers groupés selon certains schémas de transformation :
cost / put; cost / put; cost / put.
bring / fight; brought / fought; brought / fought.
drink / swim; drank / swam; drunk / swum.
– listes de faux-amis;
– verbes à particule et verbes composés;
– mots outils (mots grammaticaux);
– articulateurs du texte;
– éléments notionnels-fonctionnels.

FICHE GUIDE 7

LE LEXIQUE DANS LES ACTIVITÉS LINGUISTIQUES

Principes

- Lors de la définition des objectifs lexicaux, à court ou à long terme, il faut tenir compte de deux paramètres essentiels :

  – la distinction entre le vocabulaire de reconnaissance (ou vocabulaire passif) et le vocabulaire de production (ou vocabulaire actif), c'est-à-dire entre les termes destinés à être compris et les mots à acquérir pour les réutiliser;

  – la distinction entre le vocabulaire de compréhension et le vocabulaire d'appréciation, c'est-à-dire entre les mots nouveaux contenus dans le document et les termes qui permettent de parler du document.

Présentation du vocabulaire inconnu

- En dehors de l'aide primordiale apportée par le contexte, on peut avoir recours :

  – pour des mots isolés : à l'objet réel (environnement direct de la classe, parties du corps, etc.); à l'image ou au mime (mots concrets, verbes d'action, etc.); à la définition, au synonyme (mots abstraits, expressions, etc.); à la traduction (mots très spécifiques);

  – pour le vocabulaire relié à un champ lexical ou à un thème : aux techniques d'association d'idées (*brainstorming*); à la recherche « en étoile » (*topic-web*) qui établit les ramifications possibles autour de termes clés.

Activités de réutilisation

- Activités ludiques.

Compétences orales : jeu du téléphone arabe (*Chinese whispers*), jeu de l'intrus (*Odd man out*), jeux de loto (*Bingo*), jeu de Kim (*Kim's game*), jeux de devinettes (*guessing games*).

Compétences écrites : lettres en vrac (*jumbled letters*), jeux d'association (*matching game*), jeux de lettres (*scrabble*, etc.), mots mêlés, mots croisés.

- Tri et classement. Regroupement des termes en fonction de leur appartenance à un champ lexical ou notionnel ou à une catégorie grammaticale.

> *Exemple :* classer les éléments d'un champ lexical en sous-catégories (pour les noms d'animaux : *pets / farm animals / wild animals*). Classer des mots d'une même catégorie grammaticale selon leur appartenance notionnelle ou fonctionnelle (par exemple, trier des adverbes et locutions de temps selon qu'ils expriment la durée ou la fréquence).

Regroupement en fonction de leur formation (composition, dérivation).

> *Exemple :* rechercher tous les mots dérivés de la même racine. Classer des mots selon qu'ils sont obtenus par l'adjonction d'un préfixe ou l'adjonction d'un suffixe.

• Réutilisation. Employer les mots dans des phrases, décrire une image, légender un dessin, etc.

• Initiation à l'utilisation du dictionnaire.

Repérage du sens des abréviations à partir d'un relevé dans plusieurs dictionnaires, unilingues et bilingues.

> *Exemple :* compléter un tableau avec le mot complet correspondant à chaque abréviation

Choix de l'entrée : analyse de la nature et de la composition du mot.

> *Exemple :* recherche de mots composés (*taxi-driver, hitch-hiker*...), de verbes conjugués (temps composés, verbes irréguliers...), de sigles (BBC, EEC...), etc.

Choix du sens adéquat à partir de l'entrée : sélection selon la catégorie grammaticale, puis le sens et le contexte.

> *Exemple :* organiser un jeu par équipes consistant à retrouver le sens du mot inconnu le plus rapidement possible.

• Enrichissement lexical.

Recherche étymologique (familles à partir d'une racine).

> *Exemple : understand = understanding, understandable, misunderstand,* etc.

Classification thématique.

> *Exemple :* nom de métiers : 1. suffixe *-er* (*teacher, butcher,* etc.) 2. terminaison *-or* (*doctor, actor,* etc.) 3. composition avec *man* (*fireman, policeman,* etc.) 4. mots composés (*shop-assistant, coach-driver,* etc.).

Substitution.

> *Exemple :* remplacer le verbe *see* par un terme plus précis dans une série de phrases ou un texte.

Synonymes et antonymes.

> *Exemple :* trouver l'équivalent anglo-saxon d'un mot d'origine latine, puis donner son contraire (*simple = easy; Difficult = hard...*).

Définitions.

> *Exemple :* associer des termes et leurs définitions, rédiger des définitions, sélectionner la définition adéquate, etc.

Étude d'un champ lexical
Yellow submarine

Objectif : mémoriser le vocabulaire d'un champ lexical à partir d'un support authentique.

Support : chanson *Yellow Submarine* (J. Lennon / P. McCartney).

Savoir-faire : compréhension globale; mémorisation.

Présentation

- Revoir les couleurs et introduire le vocabulaire de la mer (*ocean, sea, beach, sand, boat, ship, sail, waves...*) à l'aide de *flashcards* et d'une affiche représentant une scène maritime.
- Réactiver la structure : *We can see* + article + adjectif + nom (singulier et pluriel).

Compréhension orale

- Première écoute : repérer les mots connus.
- Deuxième écoute : parmi une série de dessins (bateau, mer, ciel, sous-marin, plage), barrer ceux qui ne sont pas dans la chanson.
- Troisième écoute : colorier les éléments de la liste ci-dessus effectivement présents dans la chanson (*submarine-yellow / sky-blue / sea-green*).

Chant

- Reprise du refrain uniquement.

Fixation

- Jeu de la bataille navale (adaptation pédagogique du jeu classique) : dessiner une grille à double entrée.

	Blue	**Green**	**Yellow**	**White**	**Red**
Sailing boat					
Ship					
Submarine					

Chaque élève coche une case pour chaque type de navire (*blue boat, green ship...*); chacun doit retrouver la couleur des navires de son partenaire à l'aide d'une série de questions (*Is your ship red?*). Si on veut rendre l'activité un peu plus complexe, on peut envisager qu'un élément ait plusieurs couleurs.

- *Picture dictation* (fixation de la structure article défini + adjectif + nom) : *draw... a green submarine, ... a yellow sun, ... a red and white sailing boat, ... blue waves*, etc.).
- Découverte des paroles de la chanson (écrites au tableau mais non conservées dans les cahiers) : lecture silencieuse, élucidation rapide des éléments restés en reconnaissance passive à l'aide du contexte et des connaissances acquises.

Copie dans le cahier

- Rédiger des légendes pour les dessins à colorier représentant les éléments donnés dans l'activité de *picture dictation*.

Étude d'un champ lexical
At the stationer's

Objectifs : acquérir le vocabulaire appartenant à un champ lexical spécifique (fournitures scolaires). Enrichir les connaissances relatives à ce même champ.

Matériel : objets (classeur, cahier, carnet, contenu d'une trousse) et documents iconographiques représentant les rayons d'une papeterie.

Activités préparatoires

- Expression spontanée à partir des images présentées au rétroprojecteur (l'utilisation du rétroprojecteur permettant de mieux focaliser l'attention de tous sur le même point). Réactivation : *pens, copy-books.* Introduction : *a file, stationary, at the stationer's.*
- Inventaire du contenu d'une trousse. Réactivation : *a ruler, a rubber, a pencil, a biro, scissors.* Introduction : *a foot-rule, a pencil sharpener, a highlighter, a protractor, a set square, a pair of compasses.*

Activités de fixation. Élucidation du vocabulaire nouveau présenté en contexte.

Technique : recours à des synonymes : *I also want a rubber = I want a rubber too;* des antonymes : *cheap ≠ expensive;* la gestuelle : *over there, on the right, on the left.*

Production orale : dialogue guidé

Pairwork A *is at the stationer's*
B *is the shop assistant*

Dialogue 1 : A *wants a pair of scissors*
B *asks for details*

Dialogue 2 : A *wants a highlighter*
B *is sorry : he hasn't got any*

Dialogue 3 : A *wants a big dictionary*
B *gives the price*
A *finds it too expensive*

Dialogue 4 : A *wants a pair of compasses*
B *proposes several choices.*

Copie sur le cahier

- Les phrases inscrites au tableau lors de la mise en commun sont copiées sur la page de droite.
- Sur la page de gauche, des dessins ou des images accompagnés d'une légende en anglais, illustreront les mots nouveaux concrets (l'association du mot et de l'image permettant d'éviter le passage par la langue maternelle).

❐ *La tentation du calque grammatical*

Procédant par le mot à mot pour résoudre ses problèmes de vocabulaire, l'élève mise souvent sur une symétrie entre la grammaire de sa langue et celle de la langue cible qui l'expose à de multiples erreurs.

Il convient donc tout d'abord de développer un respect, un goût pour l'authenticité, le caractère parfois qualifié d'« idiomatique » des constructions anglaises, mais plus encore une curiosité pour la logique du système qui leur donne tout leur sens.

Par ailleurs, l'apprentissage scolaire d'une langue étrangère ne fait pas intervenir les mêmes opérations mentales que l'acquisition d'une langue maternelle. Cette dernière se fait en immersion et procède davantage par imprégnation, par imitation et observation de régularités. L'apprentissage scolaire, qui n'exclut pas ces opérations, ne peut cependant s'en satisfaire.

❐ *Celui qui apprend a besoin d'être acteur. L'apprentissage est une expérience*

L'exposition à la langue et sa pratique intensive pour comprendre et produire, c'est-à-dire l'activité dans la langue, doit accompagner ou suivre l'appel au raisonnement sur la langue comme un système organisé, dont on découvre peu à peu les règles de fonctionnement.

Loin de nier la connaissance préalable de sa langue maternelle, elle-même encore en cours de construction, on donne alors à l'élève les moyens d'établir des relations utiles avec celle-ci, en prenant la mesure des correspondances que l'on peut établir comme des différences irréductibles.

L'activité de celui qui apprend préside également à la mise en œuvre de la réflexion sur la langue : au lieu de subir de prétendues règles arbitraires et toutes faites, l'élève part à la recherche du sens, non seulement du comment (les constructions, la morphologie), mais également du pourquoi (la dimension culturelle de la langue).

❐ *La pratique raisonnée de la langue : où et quand?*

Il est exclu de plaquer sur la leçon d'anglais un cours de grammaire ou de linguistique ou pire encore de faire de l'étude d'une question grammaticale la matière exclusive d'une leçon, en dehors de toute activité linguistique dans un contexte précis, c'est-à-dire à partir de la découverte et de l'étude d'un document.

Dans les faits de langue pertinents pour l'apprentissage, on devra donc faire des choix et se limiter aux éléments susceptibles de nourrir la motivation du public. La réflexion sur la langue est encore de la compréhension — c'est comprendre mieux — et vise à rendre plus efficace en production.

La gestion du temps exigera que l'on consacre peu de temps à cette activité de réflexion guidée, à partir d'exemples explicités et déjà pratiqués.

Le pragmatisme invitera le maître à recourir à une métalangue très simple, de préférence celle que les élèves pratiquent dans leur propre langue.

L'intégration de la pratique raisonnée de la langue aux activités linguistiques nous invite à ne négliger aucun moment profitable pour une pause réflexive :

– résoudre une difficulté de compréhension : relation phonie-graphie, étude des formes non accentuées, de la valeur d'un modal dans la bouche d'un locuteur;
– rectifier une erreur de production : relation graphie-phonie, l'ordre des mots, la prosodie, la dénombrabilité, le système aspecto-temporel;
– entraînement à l'écriture : système des temps du passé, subordonnées avec *If*, organisation du récit.

❐ *Comment aborder un fait de langue?*

Le fait de langue sera toujours abordé en contexte, dans les phases de repérage, de fixation, de reformulation ou de transfert.

On se gardera de ne travailler qu'à partir d'un seul modèle d'énoncé, en s'efforçant au contraire de faire observer et analyser un corpus d'énoncés prélevés ou produits. La démarche de réflexion pourra se résumer à trois types d'interrogation.

Quel acte du langage justifie l'emploi de cette structure, de ce temps, de cette expression de la quantité, etc.? (approche notionnelle ou fonctionnelle, et non immédiatement « grammaticale »).

Quel est le point de vue de celui qui parle, dans ce cas précis? (coordonnées énonciatives).

À quoi cela correspond-il dans notre langue? Quelles sont les différences de fonctionnement?

Le fait de langue ne doit jamais être systématiquement isolé. Il est très stimulant pour les élèves de procéder de façon contrastive ou comparative, d'anticiper ou de projeter, en observant les effets de sens produits à partir d'un même noyau de base :

> *He's cleaning his car.*
> *I'm cleaning the car tomorrow.*
> *I'm going to clean the car. See you later!*
> *My car looks beautiful, I have cleaned it. Etc.*

Les phases progressives d'élaboration d'un énoncé seront mises en évidence à l'aide du tableau ou du rétroprojecteur.

On peut alors préciser le rôle ou la nature des éléments en faisant référence à une métalangue qui doit être aussi précise que modeste.

❐ *Un guidage, une aide et des moyens pour rectifier les erreurs*

L'élève a besoin d'aides diversifiées pour comprendre : on pourra avoir recours à la schématisation du fait de langue, sous forme verbale (alignement vertical des énoncés pour observer les similitudes, les modifications, la complexification, sans perdre de vue le noyau de sens). Ceci est particulièrement utile pour l'expansion du groupe nominal ou les conjugaisons.

On ne pense jamais assez à l'aide la plus concrète et au besoin de visualisation. Citons l'excellente idée d'une collègue qui a placé au-dessus du tableau toute une série de symboles relatifs à la nature grammaticale des mots, aux différents modaux, aux temps, aux aspects, à la détermination, aux types de construction, et qui fait intervenir à haute fréquence ces symboles reproduits cette fois sur de petites étiquettes, en association avec des figurines du tableau de feutre. Ses élèves les plus âgés, les « grands de troisième » trouvent cette technique très claire et reconnaissent qu'elle les aide à « penser directement en anglais » !

C'est également dans la phase d'expression libre ou de transfert que le professeur doit être attentif au besoin d'aide et donner très rapidement les moyens à l'élève d'évaluer l'efficacité de sa production ou le type de modification à apporter.

À divers stades de l'apprentissage, afin de corriger certaines perceptions erronées de la langue, l'élève aura aussi besoin de ce que l'on appelle communément des stratégies de remédiation.

Ponctuellement, le professeur peut recourir à un geste précis, comme lorsqu'il aide à comprendre ou à dire. Il n'est pas de bonne pédagogie sans gestuelle précise et immédiatement efficace.

La réaction du professeur peut également être éclairante face à une erreur lorsque celle-ci fournit sans attendre le contexte voisin mais différent, l'énoncé qui fait contraste, et permet ainsi à l'élève de rectifier immédiatement, ayant en quelque sorte identifié le point de vue d'énonciation (ceci est très efficace par rapport à l'emploi des temps ou des aspects, et pour la détermination).

Aux moments du travail scolaire où l'on est moins dans le feu de l'action (la correction d'un devoir ou d'un exercice, l'étude dirigée, le tutorat, le groupe de consolidation) on pourra prendre le temps d'amener l'élève à réfléchir sur le sens de son erreur, de consulter ses références (cahier, tableaux, fichier grammatical, corpus d'exemples familiers, etc.).

FICHE GUIDE **8**

LA GRAMMAIRE DANS LES ACTIVITÉS LINGUISTIQUES

PRINCIPES

- Principe 1. Réhabiliter la grammaire : la langue étrangère, comme la langue maternelle, est régie par des codes; il faut en comprendre les mécanismes et non pas seulement apprendre des règles pour accéder à la maîtrise de la communication. Comprises par tous (enseignants et élèves) comme un code d'accès à déchiffrer, la grammaire devient un univers à découvrir et non une discipline rébarbative et artificielle. Il s'agit d'ajouter la grammaire du « pourquoi[1] » à celle du comment en valorisant la notion fondamentale d'énonciation : « il s'agit du passage d'un message (énoncé) d'un individu (énonciateur) à un autre (coénonciateur) dans une situation d'énonciation donnée[2]. »
- Principe 2. Varier les supports : il faut éviter de cantonner la grammaire à des exercices systématiques hors contexte; il est plus stimulant de la présenter en situation, dans un contexte communicatif et culturel adapté (voir fiche guide 11).

ACTIVITÉS DE FIXATION

Compétences orales

- Repérage de formes dans un document sonore.

> *Exemple : listen to the conversation and write down the adjectives used in the comparative form.*

- Devinettes : les élève sont amenés à faire des suggestions et donc à utiliser les structures de questionnement pour deviner l'identité d'une personne, le nom d'un objet, la nature d'une action, la suite d'une histoire, etc.

> *Exemple :* pratique intensive de la forme interrogative du présent dans un jeu de *twenty questions* sur le thème des métiers (*does he work outside? / does he wear a uniform? / does he sell anything? / Does he get up early?*, etc.).

- *Pairwork :* travail d'expression orale. On inverse ensuite les rôles pour que chacun des partenaires ait l'occasion de pratiquer l'ensemble des structures à étudier.

> *Exemple :* pratique des *wh-* questions : Chacun possède le texte d'une courte histoire et répond aux questions de son partenaire qui veut la découvrir, puis, on inverse les rôles (*What is the story about? / Where does it take place? / What happens next?*, etc.).

1. Voir à ce sujet l'excellente introduction de l'ouvrage de H. Adamczewski et J.-P. Gabilan, *Les clés de la grammaire anglaise*, Armand Colin, 1992.
2. *Accompagnement des programmes de sixième,* MEN, 1996.

• *Sketches :* pratique des structures linguistiques dans des situations de communication.

> *Exemple : At the restaurant* (deux ou trois clients, un serveur) : la mise en place de cette scène peut comporter une part plus ou moins grande d'improvisation.

Activités écrites

• Lecture : repérage de formes dans un texte.

> *Exemple :* relever les verbes conjugués au *present perfect* et les classer. (passé immédiat, continuité, résultat).

• Écriture. Construction de phrases : énoncés à remettre dans l'ordre, exercices de reformulation, rédaction d'un paragraphe, etc.

RÉFLEXION SUR LA LANGUE

L'analyse de la structure cible est une étape essentielle pour l'assimilation. Les élèves sont amenés à observer les phénomènes linguistiques et à formuler des déductions : ce passage à la conceptualisation permet de consolider l'apprentissage. Associé à la comparaison avec la langue maternelle, c'est un aboutissement très enrichissant de la pratique raisonnée de la langue.

Exemple : analyse du fonctionnement de l'opérateur *who* à partir d'un corpus (constitué ici par des titres d'ouvrages célèbres).

> 1. *Who's Who?*
> 2. *For whom the bells tolls?* (E. Hemingway)
> 3. *Who is afraid of Virginia Wolf?* (E. Albee)
> 4. *The spy who came in from the cold* (J. Le Carré)
> 5. *Here comes, there goes you know who* (W. Saroyan)

Faire des comparaisons

Notre souci est, à ce niveau, de ne pas donner à l'apprentissage de la grammaire une connotation trop scolaire et de s'appuyer sur l'activité des élèves. On pourrait résumer ainsi le principe de cette approche : faire des comparaisons plutôt que d'étudier le comparatif et le superlatif.

Support

Un tableau mettant en évidence la quantité de sel dans les aliments.

How to cut down salt

- ***High-salt diet***

Breakfast	Milligrams of salt
1 glass orange juice	15
2 rashers of bacon	1,344
1 large sausage	660
1 fied egg	96
2 slices wholemeal toast	324
Mid-morning snack	
1 KitKat	110
Lunch	
Corned-beef sandwich with pickles	1,683
2 small packets crisps	642
1 can cola	26,4
Afternoon snack	
3 chocolate biscuits	450
Early evening (pub)	
2 pints beer	137
Salted peanuts	400
Tortilla chips	425
Dinner	
Chicken noodle soup	1,224
Shepherd's pie	540
Canned carrots	185
Vanillaice-cream	33
During evening	
3 chocolate biscuits	450
2 slices toast	324
Cheese	248
Instant coffee	8,2
Butter	450

• ***Low-salt diet***

Breakfast	
1 glass orange juice	15
1 bowl muesli	28
1 poached egg	84
1 slice toast	162
Mid-morning snack	
1 Kitkat	110
Lunch	
Chicken sandwich	690,6
1 apple	1
1 banana	1
1 can cola	26,4
Afternoon	
1 chocolate biscuit	150
Early evening (pub)	
2 pints beer	137
Dinner	
Melon	12
Shepherd's pie	540
Frozen peas	1
Frozen carrots	1
Vanillaice-cream	83
During evening	
Fruit	4
2 slices toast	324
Jam	1,7
Instant coffee	8,2
Butter	450

Adapted from *The Independent, Section Two*. Tuesday, July 1996.

Remarques préliminaires

- Le travail linguistique à partir d'un support authentique, lié à la vie d'aujourd'hui en Grande-Bretagne, a l'avantage considérable de fournir à la fois un contexte précis et des ouvertures nombreuses. Tout en apprenant l'anglais, on s'initie à la diététique et à la santé. On développe sa capacité en compréhension tout comme son bagage lexical. On s'entraîne à maîtriser les données chiffrées en anglais, en particulier les centaines et les milliers, ou le symbole de la virgule pour les milliers. Et surtout, on a la matière à faire non seulement des comparaisons mais des choix.

Tâches

- Elles peuvent être de deux types : ou bien analyser et comparer la teneur en sel des aliments, procédure un peu trop linéaire, qui peut finir par lasser, mais qui permet de bien amorcer le travail de manipulation des différentes constructions (comparatifs de supériorité, d'infériorité, d'égalité); ou bien faire des choix : composer un menu et analyser ensuite sa teneur en sel.

Objectif linguistique

- Il s'agit avant tout de faire produire des énoncés diversifiés exprimant des comparaisons :

> *Bacon is richer in salt than...*
> *There is more salt in corned-beef than in chicken*
> *Our salt intake is higher if we eat...*
> *The highest salt intake is in...*
> *We should eat less crisps or peanuts and more vegetables and fruit*

Guidage

- Le professeur pourra donner des indications relatives aux informations elles-mêmes :

> *Which is more salted, fried eggs or poached eggs? Justify*
> *Which food contains the highest amount of salt?*

- Son rôle est également de préciser le type d'énoncé attendu :

> *Please use the adjective dangerous*
> *How about saying the same thing using the adjective low?*
> *Could you compare starting with apples not ice-cream, please?*
> *Etc.*

Fixation

- Le tableau servira à collecter et classer les énoncés les plus intéressants et à compléter la gamme des formulations possibles. On fera noter ceci dans les cahiers.

Transposition

- Il serait intéressant et enrichissant de reprendre cette démarche à propos du sucre ou du cholesterol. On peut par exemple comparer les régimes alimentaires de personnages célèbres (voir dans les documents du type *Guinness Book of World Records* ou *Book of Lists*).

Un contraste saisissant à établir entre les anorexiques (Lord Byron, Lady Diana) et les boulimiques (Hemingway).

Étude grammaticale
Le superlatif de supériorité d'un adjectif court

Réactivation du comparatif de supériorité des adjectifs courts

Vue à la leçon précédente, cette activité permettra par analogie la fixation du superlatif.

Support : *flashcards.*

Un éléphant - une souris : *an elephant is bigger than a mouse.*

Laurel et Hardy : *Hardy is fatter than Laurel.*

Une dame âgée - une jeune fille : *the lady is older than the girl.* Variante : *the grandmother is older than her granddaughter.*

Un gâteau - un sandwich : *a cake is better than a sandwich.*

Un garçon faisant deux additions fausses - une jeune fille faisant une addition fausse : *the boy is worse than the girl.*

Exercice de fixation du superlatif (adjectifs courts)

Support : flashcards.

Un éléphant - un cochon - une souris : *the elephant is the biggest of these animals. The mouse is the smallest.*

Ken (10 ans) - *Kate* (27 ans) - *John* (40 ans) - *Phil* (60 ans) : *Ken is the youngest of the family. Phil is the oldest.*

Lundi (soleil) - mardi (nuages) - mercredi (pluie) : *monday was the nicest day of the week.*

Ted (rit) - *Gill* (sérieuse) - *Phil* (pleure) : *Ted is the happiest of the group.*

Superman - un athlète - un personnage incapable de soulever des haltères : *Superman is the strongest of all.*

Ted (couronne de lauriers) - *Fred* (bonnet d'âne) : *Ted is the best in the class; Fred is the worst* (fourni par le professeur).

- Pour obtenir une production précise, il est possible d'attirer l'attention de l'élève sur le point désiré, à l'aide d'une flèche. Ainsi, en ce qui concerne l'exemple numéro 3, une flèche placée au-dessus de *Monday,* entraînera presque assurément l'énoncé : *Monday was the nicest day,* le soleil étant très souvent associé aux adjectifs *nice* ou *fine.* Cela évitera en outre, l'erreur prévisible : *Wednesday was the baddest day (The worst* n'étant introduit qu'à la fin de l'exercice), erreur qu'il est souhaitable de ne pas provoquer ici, l'objectif étant uniquement la fixation auditive et visuelle de la structure nouvelle.
- Afin de faciliter l'analyse ultérieure du fait de langue, les adjectifs choisis pour l'exercice, outre le fait qu'ils sont connus des élèves, illustrent les trois

modifications orthographiques (*big - nice - happy)* et les deux irrégularités (*good - bad*) présentées dans la leçon.

- De plus, le modèle restant au tableau tout au long de la séance, le professeur pourra d'un simple geste renvoyant aux exemples, inciter l'élève à réemployer la structure chaque fois que cela semblera pertinent. Ceci servira d'évaluation formative, permettant de vérifier si l'élève utilise correctement cette nouvelle structure.

Analyse de la structure cible

Elle a pour but de faire découvrir, par le biais du questionnement, le sens, la construction et le fonctionnement de la structure étudiée.

- Aider à trouver l'idée qui se dégage de tous les exemples, à savoir la supériorité d'un élément ou d'une personne par rapport à tout un groupe. Indiquer alors qu'il s'agit d'un superlatif de supériorité.
- Attirer l'attention sur la longueur des adjectifs (ici tous les adjectifs sont courts).
- Rappeler la définition d'un adjectif court (rapprochement avec le comparatif).
- Faire décomposer un exemple mot à mot (à l'exception de celui contenant *the best* et *the worst*), et sous la dictée d'un élève, synthétiser la construction sous la forme d'une formule : *The* + adjectif court auquel s'ajoute *est* + *of* ou *in* + complément.
- Faire réfléchir sur l'emploi de *of* ou de *in*, en fonction de ce que représente le complément introduit (*of* s'emploie quand le complément indique une idée de nombre, de quantité. *In* s'utilise lorsque le complément indique une idée de lieu).
- Faire ensuite relever les modifications orthographiques et les irrégularités (rapprochement avec le comparatif).
- Ajouter une remarque concernant l'accentuation (au superlatif ces adjectifs sont accentués sur la première syllabe).
- Faire traduire, si on le juge nécessaire, une ou deux phrases d'illustration (contenant *the best* et *the worst*, par exemple).

Appropriation de la structure

Outre l'appropriation de la structure, il s'agit d'effectuer un transfert à une situation différente de celle rencontrée en cours.

On pourrait ici proposer un *pairwork,* au cours duquel l'élaboration d'un mini dialogue permettrait à la fois des échanges oraux et leur transcription rapide.

Il importe cependant de définir clairement la tâche, en fixant un temps limite, en rappelant que les rôles doivent être inversés (*remember you must switch*), et en fournissant le premier exemple (voir schéma ci-contre).

Exemple : Restaurant (cheap).

> A. *Which is the cheapest restaurant in...*
> B. *I think « Flunch » is the cheapest of all.*
> A. *Yes you are right.*
> *Or : I don't agree with you, the cheapest one is « Quick ».*

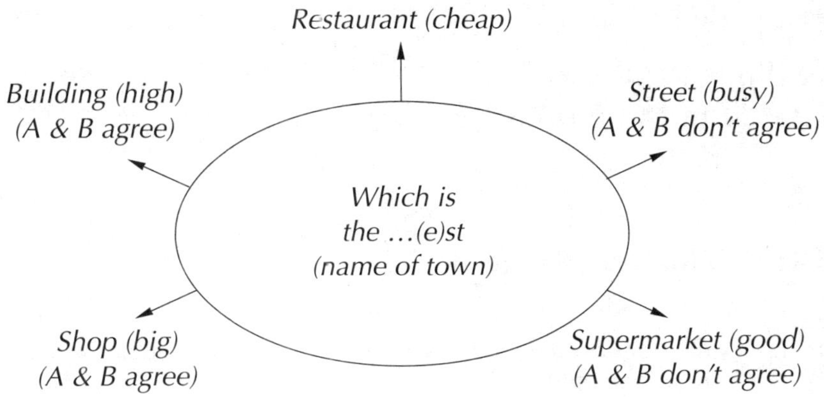

Mise en commun : lecture par une « paire » de sa production; découverte progressive de la correction sur un transparent préparé à l'avance; dramatisation éventuelle : on peut demander à deux volontaires de « jouer » une situation choisie (*the shop, the supermarket...)* sans qu'ils regardent leurs notes.

Distribution de la fiche grammaticale

Cette fiche est à joindre au dossier fonctionnel de l'élève (voir exemple joint).

Follow-up work

- Donner une liste d'adjectifs à mettre au superlatif de supériorité, en effectuant si nécessaire une modification de l'orthographe : *Fat - Fast - Fine - Hot - Thin - Funny.*
- À l'aide d'un tableau, faire composer des phrases comprenant un superlatif de supériorité.

Name	**Ted**	**Mike**	**Kate**	**Alison**
Age	16	17	12	14

Exemple : Mike is the oldest of the group. Kate is the youngest.

- Donner un texte lacunaire en fournissant les adjectifs nécessaires, à utiliser soit au comparatif soit au superlatif de supériorité.

Exemple : « Concorde » is..... of all the planes I know (fast). French is..... Chinese (easy).

FICHE RESSOURCE **9** **TROISIÈME**

Étude d'une structure
To have something done

Introduction et fixation de la structure

Support : *flashcards.*

- Partir de la construction *to need* + gérondif à sens passif, vue précédemment, pour introduire la nouvelle tournure.

Un jardin avec de l'herbe trop haute. Les élèves produisent : *the grass needs cutting.* Le professeur introduit : *I'll have it cut.*

- La structure est notée au tableau et répétée.

Une voiture très sale : *I'll have my car washed.*

Un tapis - un aspirateur : *I'll have the carpet hoovered.*

Une pièce - un pot de peinture : *I'll have the room painted.*

Un poste de télévision en panne : *I'll have the television set repaired.*

Une chambre très en désordre : *I'll have my room tidied.*

Réemploi de la structure

- L'on peut faire ensuite réutiliser la structure tout au long de la séance en introduisant quelques variantes. Par exemple en partant d'une situation en contexte.

He must have his teeth checked / Did he have his teeth checked? / He didn't have his teeth checked / He doesn't want to have his teeth checked / what about you, how often do you have your teeth checked?

- L'on peut noter une forme interrogative et une forme négative au tableau.

Analyse de la structure cible

- Faire dégager le sens.

On fait faire quelque chose par quelqu'un d'autre. Cela correspond au français « faire » + infinitif à sens passif. On peut éventuellement faire traduire une ou deux phrases d'exemple.

- Faire décomposer la construction et noter la formule au tableau : *To have* + complément + participe passé. Préciser que l'on peut parfois trouver *to get* à la place de *to have.*

- S'attacher ensuite aux formes interrogative et négative.

La présence de *do, does, did* doit amener les élèves à préciser que dans la structure étudiée, *to have* ne se conjugue pas comme un auxiliaire.

Activité de transfert

• Suggestion de *pairwork.*

Kate is going to : the dentist's / the hairdresser's / the cleaner's / the garage / the optician's. Why? Imagine a short dialogue using a verb from the box : To fill / to cut / to clean / to service / to check.

Exemple :

> A. *Kate is going to the dentist's to have one of her teeth filled.*
> B. *Does it really need filling?*
> A. *Yes, she suffers a lot.*

• Mise en commun. Dramatisation éventuelle : deux volontaires interprètent une situation choisie, sans regarder leurs notes.

Distribution de la fiche grammaticale

Cette fiche est destinée au fichier de l'élève (voir exemple joint).

Follow-up work

Write a check-list for next week, using the new structure : « to have something done ».

Fiche guide 9

Notions et fonctions

Définitions

Notions et fonctions permettent d'organiser les énoncés utilisés lors de la communication verbale à partir de leur sens : lexique et structures sont les réalisations linguistiques des notions et des fonctions dont ils relèvent. Ces mécanismes ont été systématisés par les travaux du Conseil de l'Europe et, plus particulièrement, des linguistes Wilkins et Van Ek. Les programmes officiels récents sont fondés sur cette orientation, indispensable à la communication, qui doit permettre « *la mise en regard des savoir-faire à maîtriser, des structures, du lexique, et des renvois au programme grammatical*[1]. »

- Les notions sont des catégories conceptuelles, codées dans chaque langue par un éventail lexical et structural propre.

Exemple : la durée, la quantité.

- Les fonctions sont l'actualisation des notions dans une situation, leur usage pragmatique dans la communication. Un message donné peut avoir différentes fonctions et exprimer des notions différentes selon le contexte linguistique et communicatif dans lequel il apparaît.

Exemple : la demande d'information, l'invitation.

Activités spécifiques

- Recherche des termes relevant d'une ou plusieurs notions ou fonctions données dans un document.

Exemple : à partir d'une conversation entre un médecin et son patient, relever les énoncés exprimant : la salutation; une demande d'information; le conseil; le soulagement, etc.

- Classement des termes et expressions relevant d'une même notion ou ayant la même fonction, par catégories grammaticales.

---

1. *Documents d'accompagnement sixième*, MEN, 1996.

Exemple : disagreement

Expressions nominales	Expressions adjectivales	Expressions adverbiales	Expressions verbales
Rubbish!	Ridiculous!	Certainly not!	You must be joking!
Nonsense!	Ludicrous!	Definitely not!	I can't share your views
(...)	(...)	(...)	(...)

• Recherche des différentes fonctions d'un mot ou d'une structure donnée.
Exemple : modal would.

Fonctions possibles	Exemples
Formuler une invitation	*Would you like to come with us?*
Exprimer une intention	*He said he would come with us.*
Formuler un refus	*I asked him but he wouldn't come with us*
Exprimer l'irréel	*If he had time, he would come with us*
Exprimer une habitude	*He would come with us every week-end*

• Recherche d'autres énoncés ayant la même fonction (reformulation).
Exemple : à partir de l'énoncé *You can't rely on him!,* introduire ou retrouver d'autres façons d'exprimer la méfiance (*He can't be trusted, I have no confidence in him,* etc.).

Bilan
Synopsis d'une séance

Document support (enregistrement)

Half-term

It's Ben's half-term holiday this week.

It's Monday morning and his parents, Mr. and Mrs. Cox, are having breakfast.

Ben : Morning, everyone!

Mrs. Cox : Hello, Ben. Up and dressed already? You haven't forgotten you're on holiday, have you?

Ben : No, no.

Mrs. Cox : Got any plans for today, Ben?

Ben : Well, I thought I might ask Di to the cinema this afternoon.

Mrs. Cox : You're having your hair cut this afternoon, Ben. I've made an appointment for two o'clock.

Ben : What on earth for? My hair doesn't need cutting. It's fine!

Mr. Cox : Hmn. I think is suits him like that, June.

Mrs. Cox : No, it doesn't. It's much better short.

Mr. Cox : Well, you can always invite Di tomorrow, Ben.

Ben : But I'm playing tennis with Dave tomorrow afternoon.

Mrs. Cox : No, you aren't. You're going to the dentist's for a check-up.

Ben : But there's nothing wrong with my teeth!

Mrs. Cox : Ben, you should have your teeth checked at least twice a year. You haven't been to the dentist's for over a year.

Mr. Cox : But the hasn't got toothache, has he? And after all, he is on holiday.

(Texte extrait de *Channel 3*, Belin.)

Vérification des acquis précédents

Anticipation à partir de l'image

• Expression spontanée, questionnement mutuel. Aides éventuelles :

Who are these people do you think? / Where are they? / What time of the day is it? / What are they having for breakfast? / What does the boy look like? / What's the matter can you imagine?

Objectifs : situer les personnages et le cadre de départ; réactiver l'expression de l'heure, l'expression de l'hypothèse, lexique (*English breakfast,* sentiments, émotions); introduire : *to argue.*

Audition des deux lignes de résumé en *italique* (texte caché)

- Vérification des trois points importants : date; relations entre les personnages; action en cours.
- Élucidation : *a term.*
- Réactivation : les trois trimestres scolaires : *Christmas term, Easter term, Summer term.*

Audition du texte en continu (texte caché)

- Repérage. Sujet de la conversation : projets pour la journée, faire énumérer ces projets.

Audition fractionnée (texte caché)

- Objectifs linguistiques.

Lexique

Élucidation du script (vocabulaire de production) : *To make an appointment / What on earth... ? / To suit / A toothache.*

Phase d'appréciation (vocabulaire à introduire en fonction des besoins) : *To have a lie-in, fashionable, handsome, sound, decay, wise, relevant, to side with understanding, bossy, to wear breeches, churlish, sullen.*

Réactivation possible : *To have a good time, to enjoy oneself, to be cross, disappointed, to prevent, reasonable, sensible, to be scared, frightened, indulgent, quiet, authoritative, strict, severe, aggressive, revolted, to be in a bad mood, to disobey someone.*

Grammaire : *To have something done.*

Réactivation : *To need +* gérondif à sens passif *(it needs cutting);* expression de l'hypothèse *(may, might, perhaps, maybe); to look / to sound like; once, twice a year.*

- Objectif culturel.

English breakfast. Extension : *English food,*

Découpage de l'année scolaire. Extension : English schools (school uniforms...).

- Savoir-faire.

Compréhension du message et reformulation; expression autonome; initiation au débat.

Écoute globale (texte sous les yeux)

- Lecture murmurée.
- Temps de questionnement.

Objectifs : redonner une idée globale du texte; fixer la prononciation; lever les dernières zones d'ombre.

Analyse de la structure cible

- Construction.
- Fonction.
- Traduction d'un exemple noté au tableau.

Appropriation de la structure

Pairwork : Kate is going to : the dentist's / the hairdresser's / the cleaner's / the garage / the optician's. Why? Write a short dialogue using a verb from the list : To fill / to cut / to clean / to service / to check.

Exemple :

> A. *Kate is going to the dentist's to have one of her teeth filled.*
> B. *Does it really need filling?*
> A. *Yes, she suffers a lot.*

Objectifs : appropriation de la structure; intercommunication (questions / réponses avec inversion des rôles); lecture par les élèves de leur production; dernières mises au point phonologiques (prononciation, accentuation, intonation).

Copie sur le cahier des traces écrites laissées au tableau

Travail à la maison

Write a check-list for next week, using the new structure : « to have something done ».

ENSEIGNER UNE CULTURE

Catch the spirit : Civilisation et culture dans la classe de langue

La civilisation est longtemps restée le parent pauvre de l'enseignement des langues : oubliée dans l'enseignement secondaire, elle était souvent détachée de la formation linguistique proprement dite et réservée aux « non-linguistes » dans l'enseignement supérieur et la recherche. Réhabilitée par les instructions ministérielles récentes, la découverte culturelle apparaît à la fois indispensable et indissociable de l'apprentissage linguistique.

Les travaux de recherche récents établissent une distinction entre la civilisation, comprise comme une collection de données synchroniques correspondant à l'état d'une société à une étape fixe de son évolution et la culture, définie comme un système de valeurs communes aux membres d'une même communauté humaine. Cette conception entraîne une vision de la culture plus globale et plus approfondie qui conduit à remplacer « savoir quelque chose sur » par « savoir s'orienter dans[1] » les pratiques culturelles. Langue et culture évoluent en parallèle et répondent l'une et l'autre à une fonction de structuration : la culture codifie les sociétés comme la langue codifie le langage. La culture est une des facettes de la communication, qui possède ses repères et ses règles, tout comme la communication linguistique.

❐ *Représentations et réalités*

Des connaissances parcellaires ou trop vagues, parfois dépassées, voire inexistantes, aboutissent presque assurément à une vision fabriquée et donc erronée du pays dont nos élèves apprennent la langue. Si l'on ajoute à cette distorsion inévitable que provoque le recours à un système de références ancré dans les valeurs véhiculées par la langue maternelle, ou encore la puissance de l'imagination qui conduit l'apprenant à se forger une image idéale mais peu authentique, l'on peut comprendre combien la confrontation avec la réalité peut révéler de préjugés et entraîner de résistance.

Les stéréotypes sont pourtant un excellent point de départ à la découverte culturelle : ils reflètent en effet une vision collective sur laquelle l'enseignant peut ensuite s'appuyer pour modifier et enrichir les représentations. Les clichés sont l'expression de la façon de voir des élèves : ils sont donc précieux dans une démarche pédagogique centrée sur l'apprenant. Il s'agit de construire l'apprentissage à partir de ces acquis partiels mais tangibles, au lieu d'apporter un savoir extérieur.

Il est certes du rôle de l'enseignant de mettre à jour et d'analyser les clichés existants, mais il lui appartient également, tout en tenant compte du degré de maturité de son public, d'aider ce dernier à prendre de la distance par rapport à ses représentations.

1. Louis Porcher : « Remises en question » in *La civilisation*, Clé international, 1986.

Cette distanciation passe d'abord par la construction progressive d'une vision plus riche, plus complexe, plus conforme, mais aussi par le développement de l'esprit critique. C'est en établissant des comparaisons avec ses propres codes, en s'interrogeant sur leur validité, en découvrant des points de vue contradictoires et pourtant convaincants, que l'on accède à une connaissance plus fine, plus nuancée, plus ouverte.

Enseigner une culture, c'est donc donner l'envie de connaître, mais surtout de comprendre avant de porter un jugement, c'est accepter la différence et apprendre la tolérance. Cette ouverture à l'autre, cette capacité de réflexion, de remise en question, sont autant de chemins qui mènent à la connaissance de soi et à l'enrichissement personnel.

FICHE GUIDE 10

LES REPRÉSENTATIONS ENQUÊTE

Enquête réalisée auprès d'une classe de cinquième, d'une classe de quatrième (langue vivante 2) et de deux classes de troisième. Qu'évoquent pour vous les mots Anglais et Angleterre?

Les Anglais

- Type physique : blonds ou roux; gros, ronds, potelés, grassouillets avec des moustaches; de taille normale; petits ou grands.
- Les vêtements : apparence stricte (veste, cravate, chapeau melon); portent parfois un imperméable bizarre; les jeunes filles portent une jupe plissée et ont des nattes rousses.
- Caractère - comportement : cultivent leur différence (originaux, excentriques, maniaques, fantaisistes, particuliers, bizarres, mangent des choses bizarres); gentils, aimables, accueillants, sympathiques (parlent lentement pour que l'on comprenne); loyaux, nobles, « font penser à des enfants modèles »; fidèles aux traditions, respectueux des lois; peu décontractés, « à cheval sur les principes », stricts (règlements scolaires), tristes; cultivent les bonnes manières, « plutôt classe », très « civilisés »; simples ou au contraire snobs.

Le pays : une île

- Climat : pluie, brouillard, froid; prédominance du mauvais temps, pays triste et sombre.
- Les paysages : verdoyants; campagnes magnifiques avec des forêts et des châteaux; grandes prairies avec des bergers et des chiens de troupeau; routes pavées.
- Les villes : de vieilles villes (Londres, Manchester, Newcastle); de beaux monuments (*Big Ben, Buckingham palace*, cathédrales, églises); beaucoup de grandes maisons.
- Nourriture : les Anglais mangent beaucoup le matin, mais simplement un sandwich à midi; ils aiment le *pudding*, la crème anglaise, le *fruit-cake* et le *bacon*; ils prennent du thé tous les après-midi; ils aiment le *Coca-Cola* et le *chewing-gum*.
- Quelques caractéristiques : cabines téléphoniques; bus rouges à deux étages; taxis noirs; voitures avec le volant à droite; métro; tunnel sous la Manche; argent, bijoux de la couronne; le plus grand magasin de jouets du monde; policiers, *businessmen, punks, skinheads*; corbeaux; la « vache folle ».
- Culture - vie quotidienne : les Anglais roulent à gauche; ils s'arrêtent pour laisser passer les piétons sur un passage clouté; ils ont d'excellents joueurs de football et de rugby; ils font de mauvais films; ils adorent leur reine; ils n'aiment

pas les Français (on les appelle les *roastbeefs* et ils nous surnomment les *froggies*); leurs princes et leurs princesses défraient la chronique.

- Économie : pays moderne, développé et riche (c'est la France en plus moderne); pays pauvre.
- Personnages célèbres : les Beatles; la reine, Lady Di, le prince Charles; joueurs de foot (Éric Cantona, David Ginola); Robin des Bois; le monstre du *Loch Ness*.
- Histoire : c'est le pays de la liberté; des colons protestants sont partis en Amérique; importance de la flotte anglaise; la reine Victoria fut une grande reine; guerre en Irlande du Nord; le pays est une monarchie pour la plupart, un pays républicain pour certains, un pays républicain et royaliste pour d'autres; ancien pays colonisateur avec la France.

La langue

- Origine : vient des pays nordiques; langue anglo-saxonne.
- Acquisition : langue facile à apprendre, à comprendre, à lire et à utiliser; langue logique (certains mots sont identiques); langue difficile (accent, grammaire). « Ça fait quatre ans qu'on fait de l'anglais et on sait à peine tenir une conversation : c'est décevant ».
- Appréciations diverses : langue des gens cultivés; langue de l'avenir (« me servira sans doute plus tard »); langue internationale, parlée dans beaucoup de pays (sont cités : les USA, le Canada, les Philippines); langue très largement utilisée (beaucoup de chansons entendues à la radio sont en anglais, beaucoup de publicités sur la nourriture également); langue qui fait rêver (belle langue, langue de l'Amérique).

FICHE GUIDE 11

INTÉGRER LA DÉCOUVERTE CULTURELLE DANS L'APPRENTISSAGE LINGUISTIQUE

Lexique

Champ lexical	**Support culturel**
Couleurs	Drapeaux / métro londonien / tartans / peintures d'artistes anglo-saxons
Nombres de 1 à 10	Les numéros de téléphone / les plaques minéralogiques
Nombres jusqu'à 100	La monnaie
Grands nombres	Les dates des grands événements historiques
Nombres ordinaux	Les niveaux de classe (*first year...*) / les rues de New York
L'heure	Méridien de Greenwich / Big Ben
La famille	Les dynasties / la famille royale britannique actuelle
Transports	Bus et taxis des grandes villes anglo-saxonnes
Nourriture	Recettes / menus
Localisation	Plans et monuments des villes anglo-saxonnes
Les vêtements	L'uniforme de l'écolier / les costumes des *guards, Beefeaters,* écossais, etc.
Le temps qu'il fait	Bulletin météorologique

Structures

Structure langagière	**Support culturel**
Comparatif / superlatif	Villes et pays de langue anglaise / *Guiness Book of Records*
Le présent simple	Règles du jeu (sports, jeux de société)
Le passé	Grands événements historiques
Passif	Les inventions et les grandes découvertes / les œuvres artistiques et littéraires
Modaux	Code de la route / règlement intérieur d'une école
Impératif	Recettes / notices de montage

FICHE GUIDE 12

LEXIQUE ET ARRIÈRE-PLAN CULTUREL

Un réseau de références culturelles peut être élaboré autour d'un mot clé et servir de base à une série d'activités langagières pour faciliter la mémorisation et renforcer la motivation.

Exemple : adjectifs d'appréciation.

Big

Expressions	Proverbes	Culture enfantine	Citations	Architecture/ art/ littérature
Big deal (et après?) / *no big deal!* (pas de quoi faire un plat!) *To think big* (voir grand) *A big shot / a bigwig* (un gros bonnet) *The big Apple* (New York)	*To be too big for one's boots* (se prendre pour le nombril du monde) *His eyes are bigger than his stomach* (il a les yeux plus gros que le ventre)	*The enormous turnip*	*That's one small step for man, one giant leap for mankind'* (Neil Armstrong, 20th July 1969)	Big Ben (London) / *Big Brum* (Birmingham) *The big four* by A. Christie (*the big four also refers to the four main banks in Britain : Barclays, Lloyds / Midland / National Westminster)* *Big Brother* (in *1984* by G. Orwell) *The big Money* (J. Dos Passos, 1936) *Big Sur* (J. Kerouac, 1962)

Red

Expressions	Vie quotidienne	Culture enfantine	Histoire/ civilisation	Littérature/ architecture
A red herring (une diversion) *As red as a lobster* (rouge comme une écrevisse) *Red-letter-day* (jour de fête, jour à marquer d'une pierre blanche) • *Caught red-handed* (pris en flagrant délit) *To see the red light* (sentir le danger) *Red-hot news* (nouvelle de dernière heure)	• *A red herring* (un hareng saur) • *A red pepper* (un poivron rouge)	*Little Red Riding Hood* (Le Petit Chaperon Rouge)	*The red coats* (soldats anglais du XVIIIe siècle) *The Red Book* (annuaire de la noblesse) *Redbrick universities* (universités modernes par opposition à *Cambridge* et *Oxford*) • *Red tape* (ruban rouge entourant les documents officiels / sens figuré : le poids de l'administration)	*The Red Badge of Courage (S. Crane)* *The Scarlet Letter* (*Hawthorne*)

White

Expressions	Vie quotidienne	Culture enfantine	Littérature/lieux/ histoire
A white collar worker (travailleur non manuel par opposition à *blue collar*) • A *white elephant* (objet superflu)	*White coffee* (café au lait)	*Snow white* (Blanche Neige)	*A dry white season* (*A. Brink / also a film*) *The White House* (La Maison Blanche) *Whitehall* (administration britannique)

Black

Expressions	Vie quotidienne : nourriture	Lieux/histoire
• *Black Monday* (lundi de la rentrée) • *A black sheep* (une brebis galeuse) *To be black and blue* (être couvert de bleus) • *In black and white* (noir sur blanc)	• *Black pudding* (boudin noir) *Black coffee* (café noir)	• *Blackpool* (station balnéaire) *The Black Country* (région sidérurgique) *The Black Hole* (*Cheltenham* qui abrite des Anglo-Indiens) • *A Black leg* (un jaune)

Good

Expressions	Proverbes	Culture enfantine	Publicité	Littérature/ cinéma
The good old days (le bon vieux temps) *As good-for-nothing* (un bon à rien) *A good as gold* (sage comme une image) *She is a good sort* (c'est une brave fille) *Good old Charles* (ce brave Charles) *It's as good as done* (c'est pratiquement fait) *Good Friday* (Vendredi saint) *The Good Book* (La Sainte Bible) *A goody-goody* (une sainte nitouche)	• *No news is good news* (pas de nouvelles, bonnes nouvelles) *There is good and bad everywhere* (il y a du bien et du mal partout) *Good wine needs no bush* (à bon vin point d'enseigne) *Better late than never* (mieux vaut tard que jamais) *Prevention is better than cure* (mieux vaut prévenir que guérir)	*The good people* (Les fées)	Guiness is good for you • *Good friends, great pizza* (publicité télévisée)	*Good Morning Vietnam* (film)

FICHE RESSOURCE **11** **SIXIÈME**

Une fête populaire
Guy Fawkes Night

Objectif : découvrir un événement historique et une fête populaire.

Support : documents iconographiques (gravures d'époque, photos de la Maison du Parlement, de *Guys* et de la célébration populaire de *Bonfire Night*[1]).

Savoir-faire : initiation à la description; réutilisation des connaissances.

Présentation (supports iconographiques)

- De l'événement : *Every year, on November 5th, British people celebrate the discovery of the Gunpowder Plot* (expliquer comment se décompose ce terme et décrire brièvement les faits) *In 1606, Guy Fawkes and his friends tried to blow up the Houses of Parliament* (documents : gravures d'époque, photos de la Maison du Parlement).
- De la célébration : *The children go round the streets and ask « A penny for the guy »; they also use old clothes to make an effigy of Guy Fawkes, called a « guy » and burn it on a bonfire* (documents : photos de Guys, des feux de joies, des feux d'artifices).
- Du vocabulaire : *bonfire, fireworks, burn* (en reconnaissance : *effigy*).

Réactivation : *clothes and parts of the body.*

- Des structures : *What does he look like?*

Réactivation : *What's he wearing? / He's wearing* et instructions à l'impératif.

L'appropriation linguistique et culturelle se fait, à travers la description des documents, à partir des questions posées par les élèves.

Fabrication d'un *Guy* (*pairwork*)

- Demander aux élèves d'apporter une poupée en chiffon et de vieux vêtements usagés. Les partenaires se donnent alternativement les instructions nécessaires pour habiller le pantin. (*Draw a big red mouth on his face / Put the hat on his head / Give me the jacket*...).

1. Voir, par exemple, pour une présentation adaptée aux enfants : J. Ashworth / J. Clark, *Festivals*, coll. « Footsteps », Collins ELT et S. Rabley, *Customs and traditions in Britain*, coll. « Structural readers », Longman.

Apprentissage d'une comptine

> *Remember, remember*
> *The fifth of November*
> *Gunpowder, treason and plot.*
> *I can see no reason*
> *Why gunpowder and treason*
> *Should ever be forgot.*

Copie dans le cahier

- Rédaction d'une légende pour un dessin ou une reproduction d'un *Guy* (parties du corps et vêtements); recopiage de la comptine.

Travail à la maison

- Description du *Guy* sous forme de réponses aux deux questions : *What does he look like?* et *What's he wearing?*

Géographie
The United Kingdom

Objectif : découvrir les pays du Royaume-Uni.

Savoir-faire : repérer des éléments culturels; développer la compréhension globale.

Supports : carte du Royaume-Uni; drapeaux; extraits de matchs de rugby du tournoi des cinq nations (vidéos ou commentaires radiophoniques).

Activité préparatoire

- À partir des observations recueillies par les enfants antérieurement, lors du visionnement de matchs à la télévision, faire découvrir le nom des pays du Royaume-Uni; le nom des stades et des villes où se déroulent les matchs; les emblèmes qui figurent sur les maillots des joueurs et les quatre symboles : le chardon pour l'Écosse, la rose pour l'Angleterre, le poireau pour le Pays de Galles et le trèfle pour l'Irlande.

Présentation

- Situer villes et pays sur la carte et faire répéter les noms des villes, des pays et des nationalités.
- Vocabulaire à acquérir : termes géographiques (*Country, capital city*); noms de pays (*England, Scotland, Ireland* [*The Irish Republic*], *Northern Ireland, Wales*); noms de nationalités (*English, Scottish, Irish, Welsh*).
- En reconnaissance : vocabulaire sportif.
- Structures : verbe *be*, questions fermées et réponses courtes.

Exploitation

- Audition ou visionnement d'extraits de matchs, repérer les noms des équipes (pays) et le score.
- Jeu de questions / réponses des enfants entre eux à partir de la carte. Typologie des questions possibles :

  – *Is Cardiff in England?*
  – *Is Edinburg a Scottish city?*
  – *Is London the capital of Wales?*

Copie dans le cahier

- Fond de carte à compléter.

Travail à la maison

• Tableau à compléter :

Country	*Nationality*	*Capital city*
	English	
		Belfast
Wales		
		Dublin
	Scottish	

FICHE RESSOURCE **13**

GROUPE DE CONSOLIDATION SIXIÈME

Vie quotidienne
Breakfast

Objectif : appréhender une réalité culturelle en situation.

Supports : le livre Mr. Greedy[1] et les ingrédients du petit déjeuner britannique traditionnel.

Présentation

- Lecture du début de l'histoire (extraits ou texte intégral) ou narration adaptée : *Mr. Greedy likes to eat! One morning, he wakes up feeling hungry, as usual. So, he gets up, goes downstairs and eats an enormous breakfast. This is what Mr. Greedy has for his breakfast :*

  Toast - 2 slices
  Cornflakes - 1 packet
  Milk : 1 bottle
  Sugar : 1 bowlful
  Toast : 3 slices
  Eggs : 3 (boiled)
  Toast : 4 slices
  Butter : 1 dish
  Marmalade : 1 pot

- Présenter les ingrédients réels de la liste ci-dessus, au fur et à mesure et retrouver le contenu du petit déjeuner de Mr. Greedy en demandant aux enfants de venir montrer chaque ingrédient et de répéter les termes.
- Présenter les mots : *knife, spoon, cup, teapot* et les disposer.

Dégustation

- Réactivation de l'expression de la demande et des réponses correspondantes : *Can I have…? / Have you got…?/ Could you give me…? / Would you like…? Yes, please / No, thank you.* De l'expression de la quantité : *How many? How much? / some, any, a little.* De l'expression du goût et des préférences : *Do you like…? / I prefer…*

Copie dans le cahier

- Vocabulaire illustré.

Travail à la maison

- Fabrication par chacun d'une petite grille de mots croisés contenant des termes introduits (les définitions sont remplacées par une représentation imagée).

1. R. Hargreaves, coll. « Mr. Men and Little Misses » (version française : coll. « Les bonshommes », Hachette).

Un symbole culturel
The Royal Family

Objectif : associer l'apprentissage linguistique à la découverte culturelle.
Savoir-faire : mobiliser les connaissances (expression de la possession).
Support : arbre généalogique de la famille royale britannique.

Présentation

À l'aide d'un questionnement intensif à partir de l'arbre généalogique, présenter et faire réutiliser les éléments linguistiques suivants :

• Vocabulaire : *son, daughter, cousin, husband, wife.*

Réactivation : parents, father, mother, brother, sister.

• Structures : le génitif de possession et la question *Whose... ?*

Réactivation : les autres éléments exprimant la possession (adjectifs possessifs; verbe *have got* ...).

Expression orale

• *Pairwork :* chaque enfant du binôme possède un arbre généalogique de la famille royale britannique incomplet et doit poser des questions à son partenaire pour le compléter.

• *Aide :* typologies des questions possibles (questions à noter au tableau) : *How many children have Charles and Diana got?; Who is Queen Elisabeth's husband?; What's the queen's sister's name?; Whose daughter is Beatrice?; Is Harry William's brother?*

Copie sur le cahier

• Questions de références ci-dessus et réponses correspondantes.

Travail à la maison

• Constitution d'un arbre généalogique individuel et rédaction de cinq questions / réponses s'y rapportant, à partir des phrases modèles.

Un monument célèbre *Big Ben*

Objectifs linguistiques

• Lexique.

Réactivation : a clock / to ring / to hear / to listen / famous.

Introduction : to chime / impressive / all over the world.

Grammaire

• Les nombres.

Emploi de *and* entre les centaines et le nombre qui suit : *one hundred and four.*
Emploi de la virgule : *7,000 = seven thousand.*
Emploi du point pour les nombres décimaux : 75.5 = *seventy-five point five*

• Expression de l'heure.

• La localisation : *near, next to, opposite, between, to turn right / left, to go up / down, to go along, to go straight on, to go ahead, to go past...*

Objectifs culturels

• Origines du mot « *Big Ben* » : vient de *Sir Benjamin Hall* qui était *Chief Commissioner of works* lorsque l'horloge fut fondue en 1856.

• Les monuments de Londres : *Buckingham Palace, The Houses of Parliament, Westminster Abbey, The Tower of London, Tower Bridge, St Paul's cathedral, Nelson's column...*

• Autres symboles de la ville : *Taxis, pillar-boxes, telephone-boxes, double-deckers...*

Supports

• *Flashcards.*

• Diapositives.

• Horloge en carton avec des aiguilles mobiles.

• Photocopies d'un plan de Londres comportant les principaux monuments.

Suggestions d'activités

• Expression spontanée à partir d'une *flashcard* représentant *Big Ben*. Complexification, ensuite par le biais de questions permettant d'introduire le vocabulaire souhaité.

• Exploitation des connaissances des élèves.

Se baser sur des souvenirs de voyages, des feuilletons télévisés (*Chapeau melon et bottes de cuir*) pour faire trouver le plus possible de monuments londoniens.

Demander aux élèves ce qui, pour eux, symbolise également la ville.

Terminer par la projection de diapositives, en fournissant les informations essentielles (on peut éventuellement distribuer ensuite une fiche de synthèse).

• Travail sur les nombres / l'expression de l'heure.

Donner quelques opérations simples (additions, soustractions). Faire écrire les résultats en lettres et les faire lire.

À l'aide de l'horloge en carton, faire revoir rapidement l'expression de l'heure.

• Échange d'informations.

Les élèves reçoivent une fiche comportant uniquement les horaires d'une journée, donnés sous forme de chiffres. Chacun a d'abord pour tâche de réécrire ces horaires en lettres et de faire correspondre une activité à chaque étape de la journée. Ils se groupent ensuite par deux et s'interrogent mutuellement afin de comparer leurs emplois du temps respectifs.

• Entraînement à la localisation.

Distribuer un plan de Londres et laisser quelques secondes pour repérer les principaux monuments.

Faire localiser quelques monuments.

Préciser à quel endroit on se trouve et demander comment se rendre à tel ou tel autre point précis.

Une fête traditionnelle Christmas

Objectifs linguistiques

• Lexique.

Réactivation : *Christmas, Christmas Tree, Father christmas, stocking, toys, presents, to buy, to get, to receive, to offer.*

Introduction : *To expect, to wish, to long for, Santa claus, Christmas Eve, Boxing Day, Crackers, carols, Stuffed turkey / goose.*

• Grammaire.

Expression du souhait, du désir : *I would like... / I'd like.* Expression de l'intention : *To be going to.* Expression du goût, de la préférence : *To like / love / prefer / like better / to be fond of.*

Objectifs culturels

Présentation des fêtes de Noël qui durent trois jours : *Christmas Eve (24th december); Christmas day (25th december); Boxing day (26th december).*

- *Christmas cards :* la toute première carte avait été réalisée par un certain *John Horsley* à la demande de *Sir Henry Cole,* propriétaire d'une maison d'édition dans *Bond Street.* Aujourd'hui, ces cartes envoyées très tôt, restent exposées un certain temps sur le dessus de la cheminée.
- *Christmas Eve :* décoration de l'arbre de Noël. D'origine germanique, la tradition du *Christmas tree* fut introduite en Angleterre par le prince *Albert* après son mariage avec la reine *Victoria.* Les enfants accrochent un bas de laine au pied de leur lit pour que le père Noël y dépose des présents.
- *Christmas day : Christmas carols :* des groupes d'enfants et d'adultes vont de maison en maison pour chanter un *carol,* symbole de joie. *Christmas dinner :* souvent composé d'une dinde farcie (*stuffed turkey*), suivie du traditionnel *plum-pudding,* de sa sauce au cognac (*brandy sauce*), et de *mince-pies.* Tout ceci est servi sur une table décorée de houx et de *crackers. Christmas message :* après le repas, on écoute le discours de Noël prononcé par la reine.
- *Boxing day :* jour des étrennes, correspondant à une coutume ancienne, selon laquelle les serviteurs recevaient de la part de leurs maîtres des étrennes contenues dans une petite boîte.

Suggestions d'activités

- Donner la recette du *Christmas pudding,* que les élèves peuvent éventuellement réaliser à la maison, après élucidation du vocabulaire.

Recipe :

100 g/4 oz plain flour
1/2 level teaspoon mixed spice
1/2 level teaspoon grated nutmeg
225 g/8 oz fresh breadcrumbs
275 g/10 oz beef suet
225 g/8 oz sugar
350 g/12 oz seedless raisins and sultanas
50 g/2 oz mixed chopped peel
Finely grated rind of 1 orange and 1 lemon
4 eggs, beaten
1/2 wine glass rum
150 ml 1/4 pint milk.

1. *Mix together the dry ingredients.*
2. *Combine with beaten eggs, rum and milk.*
3. *Cover and leave overnight in a cool place.*
4. *Divide between two buttered basins.*
5. *Cover with buttered greaseproof paper or aluminium foil.*
6. *Steam for 5 hours, checking the water level occasionally.*
7. *Leave until completely cold.*
8. *Wrap in greaseproof paper and then aluminium foil. Store in a cool place.*
9. *Before serving, cover and steam for another 2 hours.*
10. *Serve with custard or whipped cream.*

• Fabrication de *crackers.*

You need a sweet, a cracker (pétard) *fancy paper, a cardboard tube, ribbon, glue, scissors.*

1. *Make a paper hat (choose the shape you like best) and write a joke on a piece of paper.*
2. *In the fancy paper, cut out a rectangle twice as big as the cardboard-tube and roll it around the tube.*
3. *Put the sweet, the hat, the cracker and the joke inside the tube.*
4. *Glue the edges of the paper on the tube.*
5. *Tie a ribbon around each end of the tube to fasten the craker.*

• Apprendre des *Christmas Rhymes.*

O christmas is coming,
The geese are getting fat.
Please put a penny,
In a poor man's hat.
If you haven't got a penny,
A halfpenny will do.
If you haven't got a halfpenny,
Then God bless you!

- Rédaction d'une carte de Noël (tâche individuelle).
- *Pairwork :* conversation entre deux amis, portant sur ce qu'ils ont l'intention d'acheter pour Noël et ce qu'ils aimeraient recevoir.
- En collaboration avec le professeur de musique : apprendre et interpréter des chants de Noël (*Jingle bells, while Shepherds Watched...*).

Un projet culturel Scotland

Objectifs linguistiques

• Lexique.

Localisation : *North, South, West, East, Northern, Southern, Western, Eastern.*
Climat : *rainfall, rainy, misty.*
Paysages : *moorlands, glens (valleys), lochs (glacial lakes).*
Sports : *golf, shooting (grouse), fishing (salmon, trout), mountaineering, curling.*
Cuisine : *to boil, soak, mince, chop, grate, sew up.*

• Grammaire.

Questionnement : What is it like? What does it look like?

Objectifs culturels

- Symbole : chardon (*thistle*).
- Emblème : *Cross of St Andrew* (croix blanche sur fond bleu).
- Costume national : le *Kilt* (la couleur du tartan permet d'identifier le clan), le *Plaid* (jeté sur l'épaule), le *« busby »* (sorte de bonnet de hussard en fourrure), le *Sporran* (sac en peau de chèvre, pendu à la ceinture et faisant office de poche), le *Dirk* ou *Dagger* (dague portée dans une chaussette).
- Instrument de musique traditionnel : *bagpipe.*
- Plat national : *Haggis* (estomac de mouton farci).
- Légende célèbre : le monstre du *Loch Ness.*
- Personnage célèbre : Mary Stuart (reine d'Écosse, catholique, cousine d'Elizabeth I, fut décapitée sur l'ordre de cette dernière à la Tour de Londres en 1857).
- Littérature : *Rob Roy, Ivanhoe* (Sir Walter Scott), poèmes de Robert Burns.
- Festival : *Edinburgh Festival (with traditional games such as throwing the hammer, tossing the caber, wrestling…).*

Suggestions d'activités

- *Brainstorming* à partir du mot *Scotland.*

Objectif : exploiter les connaissances des élèves, relever les stéréotypes.

- Repères géographiques. Distribuer aux élèves une carte d'Écosse, vierge. À l'aide du rétroprojecteur, présenter ensuite une carte comportant les éléments essentiels. Demander alors aux élèves de placer sur leur schéma, les principales villes (Edinburgh, Glasgow, Perth, Inverness, Aberdeen, Dundee), le Ben Nevis (1367 m), *The Firth of Clyde and of Forth,* et le *Loch Ness.*
- À partir d'une image, raconter l'histoire du monstre du *Loch Ness.*

- L'Écosse traditionnelle. À l'aide de *flashcards* montrer : *The cross of St Andrew.* Présenter ensuite le costume national (introduire le vocabulaire spécifique, travailler le questionnement *what... like?*). Projeter des diapositives sur les *Highlands Games* (introduire le lexique nécessaire).

Extension : les sports pratiqués en Écosse. Explication de ce qu'est le *Curling* : jeu semblable au jeu de boules, mais pratiqué sur la glace. Les joueurs font glisser en un mouvement circulaire une pierre plate, ronde, munie d'une poignée et pesant environ 20 kilos. Deux joueurs armés de balais, brossent la glace devant la pierre afin de lui permettre de glisser plus vite et plus loin.

Donner la recette du *Haggis* (élucider le vocabulaire inconnu, vérifier la compréhension des mesures (*ounce* [oz] = *28,349*).

Haggis recipe

> *1 lamb's stomach bag*
> *1 lb lamb's liver, heart and lights*
> *8 oz mutton suet*
> *2 cups of oatmeal*
> *2 onions,*
> *salt and pepper*
>
> 1. *Boil stomach bag*
> 2. *Mix together the other ingredients.*
> 3. *Cover with water and boil for* $1\frac{1}{2}$ *hours; then drain and mince.*
> 4. *Meanwhile, toast the oatmeal until crisp and golden brown.*
> 5. *Mix the two together; add salt and pepper.*
> 6. *Fill the bag just over half full; sew it up at both ends; prick it with a fork to avoid bursting*
> 7. *Put it into a pan of boiling water, cover and boil for 3 hours.*
> 8. *Serve with mashed potatoes and turnips.*

- L'Écosse historique. À partir d'une photo de Mary Stuart (tirée d'un manuel d'histoire et suffisamment agrandie) : pratiquer le questionnement *what... like?* raconter l'histoire de cette reine d'Écosse.
- L'Écosse littéraire. Commentaire d'un court extrait de *Rob Roy* (W. Scott) ou *Kidnapped* (Stevenson).
- Chanson traditionnelle : *My bonnie is over the ocean.*
- Entraînement à l'écriture : *Letter-writing.*

Objectif : réactivation de toutes les connaissances acquises.

Savoir-faire : présentation d'une lettre. Formules de politesse. *Tell your best friend about your holiday in Scotland. Give as many details as possible.*

Un événement historique
La conquête du Nouveau Monde

Quelques faits

Le 21 novembre 1620, treize ans après l'arrivée des premiers colons anglais en Virginie, le *Mayflower,* avec à son bord des calvinistes anglais venant de Hollande, atteint la côte du *Massachusetts.* Les *Pilgrim Fathers* espéraient établir leur Église dans ce nouveau monde, et y vivre dans le respect d'une loi juste et égale pour tous. Ils durent affronter l'hostilité d'une nature sauvage et étrangère, les rigueurs du climat, la famine, la maladie, alors qu'ils s'installaient et cultivaient la terre. Leurs relations avec les Indiens furent souvent placées sous le signe de l'insécurité, et la paix incertaine finissait en massacres perpétrés par les deux camps. L'épisode de Pocahontas illustre bien la fragilité des trêves établies. John Rolfe avait épousé à Jamestown en 1614 la fille du roi Powhatan (laquelle sauva la vie de John Smith en implorant la clémence de son père), mais lorsque les Blancs eurent introduit chez les Indiens l'alcool et les armes à feu, le combat entre les deux partis se transforma en guerre d'extermination.

Objectifs

• Champs lexicaux.

La nature : *Wild, peaceful, meadows, soft grass, rivers, forests.* La colonie : *To settle, settlers, settlements.* Apparence physique : *Dark-coloured / red-skinned, pale-faced, half-naked, handsome, well-built, sturdy, lean, fat.* Romance : *romantic, gallant, love at first sight, to fall in love with...* Affrontement : *to fight, to attack, to wound, to shoot, to beset, weapons, (gun-bullet-spear-hatchet-arrow-tomahawk).*

• Structures et fonctions.

Prétérit; comparaison; contraste; hypothèse.

• Savoir-faire.

Initiation au débat (structures de l'argumentation, accord / désaccord, appréciation intellectuelle et affective, expression de l'opinion).

Supports

• Carte des États-Unis; affiche du film *Pocahontas;* cassette vidéo : *Pocahontas.*

Activités possibles

• Présenter les faits en s'aidant d'une carte pour localiser les points essentiels.

• Passer un extrait de *Pocahontas* montrant la jeune Indienne dans son environnement naturel. Exploitation : recherche d'adjectifs s'appliquant à ce monde idyllique.

Deuxième extrait : arrivée du bateau de *John Smith* et installation. Exploitation : insister sur l'aspect conquérant (armes, fortifications...); imaginer le but poursuivi par les nouveaux venus; comparer le monde paisible de Pocahontas et celui des aventuriers blancs; élaborer des hypothèses sur la suite de l'histoire.

Troisième extrait : rencontre de Pocahontas et de John Smith. Exploitation (support : affiche du film) : description et comparaison des deux héros; imaginer leurs sentiments; symbole représenté par ce couple; élaboration d'hypothèses concernant leur avenir.

Quatrième extrait : affrontement entre les deux camps. Exploitation : comparer les moyens de combattre; expliquer les raisons de l'affrontement; imaginer des solutions pour établir la paix.

Cinquième extrait : fin du film. Départ de John Smith. Exploitation : imaginer les sentiments des deux personnages principaux; comparer les hypothèses élaborées précédemment avec la réalité finale; trouver le sens de cette séparation; susciter une appréciation personnelle de la part des élèves.

- Initiation au débat. Diviser la classe en deux groupes. L'un défendra le mode de vie des Indiens, l'autre optera pour la vie aventureuse des nouveaux arrivants. Chaque argument devra être justifié. Lors de la mise en commun, réactiver et complexifier l'expression du contraste.

Une grande métropole New York

Facts and figures

Objectif culturel : connaître quelques données historiques et géographiques essentielles.

Objectif linguistique : grands nombres, dates, statistiques, pourcentages (réactivation et approfondissement).

• Quelques repères.

1626 : Peter Minuit, gouverneur hollandais, achète l'île de Manhattan aux Indiens pour une somme dérisoire et lui donne le nom de New Amsterdam.

1664 : Le duc d'York reprend la ville et la baptise d'après son nom : New York.

La ville s'agrandit très rapidement avec le développement de l'immigration : sa population dépasse le million à la fin du XIXe siècle et atteint neuf millions aujourd'hui.

The Big Apple : ce surnom reprend une expression argotique qui signifie *the big time* et fait référence à son image de symbole d'argent et de réussite (*The American Dream*).

The melting pot : New York est la ville cosmopolite par excellence où se côtoient des communautés de toutes les races représentant dix-huit langues et près de trente nationalités différentes.

Famous places in New York

- Supports : diapositives ou photographies de la ville (vue générale, centre ville, banlieues, ghettos) / plan de New York / tableau des records new-yorkais.
- Objectifs lexicaux : la localisation, le vocabulaire de la ville; mesures anglo-saxonnes et mesures décimales.

Réactivation : *city, building, store, floors, avenue, suburb.*

Introduction : *borough, block, skyscraper, storey, subway, slums, squalid.*

- Objectifs grammaticaux : réactivation du superlatif : *New York is the second biggest city in the world (after Tokyo) and the second biggest port (after Amsterdam). It's one of the most dangerous / cosmopolitan / crowded / polluted city in the world.* Introduction : structures exclamatives : *I've never seen such a... / What a...! Isn't it a...*
- Objectif culturel : découvrir les monuments célèbres de la ville.

Tableau des records new-yorkais

Name	*Size*
Empire State Bulding	1, 250 feet (449 m)
202 storeys	
Long Island beach	125 miles
Broadway	26 km
West Delaware Tunnel (for water)	169 km
Taten Island Rubbish Hump	1200 ha / 100,000 tons
The Public Library	4 million books
Brooklyn Bridge	500 m
Sunday New York Times	6 kg / 5 cm thick

• Activités linguistiques.

Situer les lieux cités dans le tableau sur le plan. Présenter les structures exclamatives à partir des vues de New York : *It's such a big city! / What a high bulding!*, etc.

Pairwork : à partir du tableau incomplet (chacun des partenaires ne possède qu'une partie des données chiffrées), élaboration de dialogues sur le modèle :

A : *How high is the Empire State Building?*

B : *It's 1,200 feet high. It's one of the highest building in the world.*

A : *I've never seen such a high building!*

• Prolongements.
Étude de chansons ou de poèmes sur la ville de New York. Comparaison avec une autre ville du monde anglo-saxon.

Un lieu de mémoire
Welcome to Stonehenge International Airport

Objectifs : faire découvrir aux élèves de troisième un lieu de mémoire, très important pour la notion d'héritage celtique. Favoriser le développement des quatre compétences par leur interaction. Stimuler l'activité des élèves par le recueil et l'échange d'informations pour résoudre un problème.

Scénario : la mission des élèves est de recueillir des informations et de présenter des arguments favorables ou opposés à un projet de construction d'un aéroport à proximité de ce merveilleux site.

Supports

Ils sont nécessairement d'origine et de nature différentes.

- Se procurer une très belle photographie du site ou mieux encore une diapositive ou un document vidéo du National Trust.
- Établir une fiche avec des données sur l'histoire du site.
- Se procurer une photo de l'aéroport d'Heathrow.
- Faire rédiger par l'assistante ou un ami anglophone le script de quelques réponses de personnalités aux questions d'un enquêteur. Chacun donne son sentiment sur le projet de construction d'un aéroport international près du site de Stonehenge. On peut guider le rédacteur en lui soufflant les éléments langagiers et les arguments que l'on souhaite voir figurer.
- Faire enregistrer ces deux ou trois scripts.
- Découper dans le courrier des lecteurs de quelques grands journaux anglais des lettres simples exprimant des points de vue sur des sujets très controversés.

Consignes

- *You have decided to write a letter to the editor of your favourite paper to express your views on the airport project at Stonehenge.*
- *Study the following documents, then listen to the recordings for more information, before making up your mind on what you are going to tell the editor.*

Objectifs linguistiques et savoir-faire développés

- Entraînement à l'expression orale.

Activités : les élèves devront s'informer auprès de leurs camarades, rapporter des informations, argumenter.

• Entraînement à la compréhension écrite.

Les élèves devront repérer dans les lettres du dossier tout ce qui concerne l'expression d'un point de vue et l'argumentation. Il serait bon de leur confier une documentation écrite sur le site adaptée à leur niveau.

• Entraînement à la compréhension orale.

Seuls ou en groupe, avec un guidage oral et collectif ou bien écrit et individualisé, ou encore un guide pour leur groupe ou atelier, les élèves devront extraire toutes les informations pertinentes sur le site. Ces informations demanderont à être mises en relation, pesées et confrontées aux autres sources.

• Entraînement à l'écriture.

Dans le cadre d'un travail en atelier ou individuel, les élèves devront produire le type de document demandé. Il leur faudra pour cela identifier les caractéristiques formelles et linguistiques des documents de références (*letters to the editor*).

• Outils linguistiques.

Très variés, ils comprendront aussi bien les différents champs lexicaux concernés (l'environnement naturel et urbain, les transports, l'emploi, l'histoire, les adjectifs d'appréciation) que les éléments notionnels-fonctionnels liés à la situation (*imparting and seeking information, protesting, arguing, expressing agreement/disagreement, suggesting, expressing emotions* ...). On fera réfléchir sur la pertinence des temps à utiliser, sur l'expression de la quantité, sur les adverbes et les articulateurs du discours d'argumentation.

Évaluation

- On aura avantage à informer les élèves sur les critères de réussite pour chacune des étapes du projet.
- Une évaluation globale tiendra compte de l'efficacité dans l'ensemble des activités. On se gardera de donner des notes collectives, en responsabilisant chacun à chaque étape.

La vie quotidienne
School life

« *By looking at others, we see ourselves* » Gerry Kelly, Chief Executive, Southern Education and Library Board Armagh (Northern Ireland).

Les trois exemples qui suivent donnent un aperçu du parti que l'on peut tirer d'un échange ou d'une correspondance scolaire pour la pratique de la langue en même temps que la découverte de réalités culturelles.

Comparing our two schools

- Les élèves peuvent utiliser ce guide pour échanger oralement ou par écrit des informations sur leurs écoles respectives.

Type of school (Secondary, private, state school)
When it was founded
Origin of school name
Where it is located
Forms / Grades, names or numbers, ages
Education free / Cost of tuition fees
Number of students
Partner's course of study
Subjects required
Foreign languages
Degrees / Diploma
Percentage of students who continue education
Drop out rate
Dress code / Uniforms
School colours
School motto
Sports
Cheerleaders club
School band / orchestra
Debating society
Clubs or cross-curricular activities

Typical school day and weekly timetable

School starts at :

	Monday	Tuesday	Wednesday	Thursday	Friday	Saturday
Time	Subject taught	....	....	....	....	....
School finishes at :						

Learning more about your life at school and outside

- Il s'agit cette fois d'échanges personnels et non collectifs.

Which subjects do you study?
What is a typical day at school life?
Do you have a lot of homework?
Which topics do you study with your History teacher?

Are many activities offered in your school? Which ones do your pratice?
Are there any special events? During the day? In the evening? What part do you play?
Do you like your school? Why?
What are your ambitions?

- La liste est bien entendu très ouverte et permet toutes les exploitations possibles (compte rendu oral, comparaisons, petite monographie...).

Un événement historique
Independence Day

Les faits

Le 4 juillet 1776, à Philadelphie (Pennsylvanie), le *Continental Congress* ratifie la Déclaration d'indépendance (*Declaration of Independence*), rédigée par Thomas Jefferson. Ce texte proclame l'indépendance des treize colonies d'origine (*the thirteen original colonies*). La journée du 4 juillet est fête nationale aux États-Unis. Sa commémoration s'accompagne de nombreuses manifestations : feux d'artifice, défilés et parades, concerts, rencontres sportives…

Découverte culturelle

- Situer Philadelphie puis les treize États d'origine (Connecticut, Delaware, Maryland, Massachussets, New Hampshire, New Jersey, New York, Pennsylvania, Rhode Island, Virginia, North Carolina, South Carolina, Georgia) sur la carte des États-Unis et montrer les treize rayures et les étoiles du drapeau américain.
- Présenter le passage clé de la Déclaration : *We hold these truths to be self-evident, that all Men are created equal, that they are endowed (…) with certain inalienable Rights, that among these are Life, Liberty and the Pursuit of Happiness* (…) et le comparer au contenu de la Déclaration des droits de l'homme de 1789.
- Présenter un symbole de ces valeurs qui ont fondé le rêve américain : la statue de la Liberté (*Statue of Liberty enlightening the world*) qui tient dans la main droite le flambeau de la liberté et dans la main gauche la Déclaration d'indépendance. Elle est l'œuvre du sculpteur français Frédéric Auguste Bartholdi et fut offerte par la France à l'occasion du centenaire de l'indépendance des États-Unis, elle est érigée sur une île rocheuse de la baie d'Hudson, baptisée Liberty Island.

Activités linguistiques

- Réactivation : emploi des prépositions dans les indications de lieux et de dates (*in* + mois ou années / *on* + jours : *In July* 1776 / *on July* 4th / *in Philadelphia*).
- Réflexion sur la langue : emploi de l'article devant les noms propres.

Corpus à analyser : pays, villes, États : Pennsylvania, America, Philadelphia, etc.

Noms propres (singuliers ou pluriels) formés à partir d'un nom commun : *The Atlantic Ocean*; *The Independence War*; *The Continental Congress*; *The American Dream*; *The United States*; *The Original Colonies*.

Noms suivis d'un complément de nom : *The Declaration of Independence*; *The Statue of Liberty*.

Noms de fêtes : *Independence Day* (*cf. Christmas, Easter*, etc.).

Nom de personnes précédés d'un titre : President Jefferson (*cf.* Queen Elisabeth, President Clinton, etc.).

2 S'ADAPTER À LA DIVERSITÉ DU PUBLIC

La diversité des parcours

Catch the spirit : L'enseignement d'une langue à l'école élémentaire

❐ *L'initiation à une langue étrangère à l'école*

D'abord expérimentée de manière ponctuelle et « sauvage » pendant près de cinquante ans, l'initiation à une langue vivante à l'école élémentaire a été codifiée par les textes fondateurs de 1989 et de 1991 qui en font désormais un enseignement officiel et structuré. Dispensé aux enfants de cours moyen, à raison de deux séances hebdomadaires de quarante-cinq minutes, il reste facultatif. L'accent est mis sur la langue orale de communication et sur l'ouverture à une culture étrangère. La méthodologie retenue est celle de la découverte active : l'enfant acquiert des savoirs et savoir-faire de base à partir de thèmes de la vie quotidienne (*child-centered topics*), à travers des activités motivantes et souvent ludiques (jeux, chansons, narration d'histoires…) qui favorisent l'apprentissage par l'action et les situations de communication. Le recours à l'écrit est limité à des activités de découverte de la graphie (lecture de mots ou de courtes phrases déjà bien assimilés à l'oral) et de copie déguisée (lettres à remettre dans l'ordre, association du mot à sa représentation imagée; mots croisés). Cet apprentissage n'est pas soumis à une évaluation sommative chiffrée et repose sur une pédagogie de l'encouragement. Près de 40 % des élèves de CM2 et 30 % des élèves de CM1 en bénéficient actuellement.

Parallèlement à l'extension de l'enseignement d'initiation à une langue vivante à l'école (EILE) au cours moyen, une nouvelle impulsion a été donnée en 1995, dans le cadre du Nouveau Contrat pour l'école qui préconise l'introduction de l'initiation à une langue vivante dès le CE1 et annonce la généralisation progressive de cet enseignement. À la rentrée 1996, l'expérience s'est poursuivie en classe de CE2. L'expérimentation s'accompagne de la publication d'un outil audiovisuel (*CE1 sans frontière* et *CE2 sans frontière*) proposé par le CNDP et fourni à tous les maîtres volontaires. L'apprentissage au cours élémentaire est fondé sur les mêmes principes que l'EILE, mais reste exclusivement oral; les séances sont quotidiennes et durent quinze à vingt minutes (soit environ une heure de langue par semaine); il est destiné à développer les capacités phonologiques, les compétences d'écoute et de reproduction et le sens du relatif chez l'enfant de sept ou huit ans, plus réceptif aux sonorités étrangères et plus spontané que l'enfant de dix ou onze ans.

❐ *La continuité primaire / secondaire*

Comme l'indiquent les textes officiels, l'initiation proposée à l'école primaire a pour but de préparer les enfants à tirer profit de l'enseignement du collège et « *cette innovation* » devra être progressivement « *prise en compte dans l'enseignement secondaire*[1]. »

1. Circulaire n° 95-103 du 3 mai 1995, *BO* du 11 mai 1995.

La rupture entre l'enseignement de l'école et celui du collège, unanimement constatée, semble donc pouvoir être enrayée d'autant que l'on constate une complète cohérence dans les finalités, les objectifs et les méthodes : à l'école comme au collège, l'enseignement des langues étrangères a pour but de préparer les enfants à communiquer et à s'ouvrir aux réalités des autres cultures et répond à trois objectifs fondamentaux :

– *objectif linguistique* : comprendre, parler, lire et écrire une langue contemporaine usuelle pour acquérir une certaine autonomie linguistique;
– *objectif culturel* : découvrir la culture anglo-saxonne et devenir un citoyen éclairé et tolérant;
– *objectif conceptuel* : réfléchir sur le fonctionnement de la langue étrangère pour mieux maîtriser sa langue maternelle.

La priorité accordée à la communication dans des situations favorisant les échanges naturels, la place accordée à la langue orale, le recours à des supports authentiques, l'accent mis sur les savoir-faire autant que sur les savoirs sont autant de points de convergence tout à fait essentiels.

La réflexion à engager pour établir une continuité de fait dans le prolongement de cette continuité d'intention, et les mesures concrètes qui en découlent, relèvent bien sûr de la responsabilité des autorités administratives à tous les niveaux mais concernent aussi les enseignants : plusieurs conditions s'imposent autour de deux axes principaux :

– une information réciproque sur les contenus et les démarches à travers des actions communes de formation initiale et continue;
– une adaptation des programmes et méthodes du collège à cette donnée nouvelle.

C'est ce que préconisent les récentes orientations proposées dans les *Documents d'accompagnement des programmes de sixième*[1] : « *Pour éviter toute rupture qui risquerait de déstabiliser les élèves, on s'efforcera de maintenir les formes de travail auxquelles ils sont habitués (recours à la gestuelle et à la mimique, activités ludiques, chants, comptines,* role playing, *etc.)* .»

La complexité de la situation actuelle est un obstacle majeur à la mise en place de cette continuité pourtant indispensable. En effet, dans les années de transition qui viennent, certains enfants arrivant en sixième n'auront eu aucun contact avec une langue étrangère; d'autres auront bénéficié d'un enseignement au CM2; d'autres encore d'une initiation de plusieurs années entamée dès le cours élémentaire; certains, enfin, auront reçu une formation linguistique dans une autre langue européenne (allemand, espagnol, italien, portugais). De plus, tous les élèves d'un même secteur de collège ne sont pas dans la même situation et les élèves ayant bénéficié d'une initiation ne sont pas toujours regroupés dans les mêmes classes. Il appartient donc à l'enseignant de sixième à la fois d'adapter son enseignement en fonction des habitudes langagières des élèves et de différencier les activités selon les connaissances et les compétences acquises.

1. *Accompagnement des programmes de sixième*, MEN, 1996.

❒ La prise en compte des acquis de l'école élémentaire

Les enfants qui arrivent au collège ont tous un « bagage » linguistique, puisqu'ils ont appris à mieux maîtriser leur langue maternelle; tous ont déjà une idée de ce qu'est un code linguistique avec ses règles propres. Il est bon de s'appuyer sur ces éléments pour favoriser la découverte de langue étrangère et de montrer aux élèves qu'ils ont déjà appris au moins une langue : la leur ! Cette prise de conscience peut limiter leur appréhension et leur permettre de mieux comprendre les mécanismes en jeu dans le processus d'appropriation d'une langue.

Lorsque les élèves ont bénéficié d'une initiation à l'anglais à l'école, il est indispensable de procéder à une évaluation de leurs acquis dans le domaine des connaissances linguistiques, des connaissances culturelles et des compétences transversales (conceptuelles et comportementales[1]). Les études menées sur les bénéfices de l'initiation ont montré que le gain est souvent d'ordre qualitatif plutôt que quantitatif : des acquis existent bien sûr dans le domaine des savoirs lexicaux et structuraux mais la supériorité des élèves « initiés » se retrouve principalement dans les domaines suivants :

– capacités de discrimination auditive;
– capacités de reproduction des sons et de l'intonation;
– capacité de socialisation et capacité à communiquer (indispensable dans un monde dominé par les médias et les échanges internationaux);
– capacité de compréhension d'un message oral ou écrit et d'inférence du sens;
– capacité à repérer les règles de fonctionnement et les nuances linguistiques dans la langue étrangère comme dans la langue maternelle;
– capacité à appréhender la différence et la relativité dans tous les domaines.

En présence d'un groupe d'élèves initiés, l'enseignant doit s'appuyer sur ces particularités et faire fructifier les acquis en sollicitant ces capacités pour rendre les échanges plus nombreux et plus approfondis. Si les élèves initiés sont regroupés avec des élèves débutants, il est possible de les utiliser comme « moteurs » dans les activités, en veillant cependant à éviter les jugements de valeur et les conséquences néfastes des complexes de supériorité !

L'importance de cette prise en compte des acquis est soulignée dans les instructions officielles : « *On veillera à intégrer et valoriser les acquis de l'école dans la progression (...) créant ainsi une dynamique profitable à tous.* »

1. Voir J. Brossard, M.-B. Foucher, M. Cocset : *Keep it up, young learners*! CDDP Indre-et-Loire : mallette pédagogique comprenant un référentiel détaillé d'objectifs du cours moyen à la cinquième, un outil d'évaluation initiale à l'entrée en sixième et un outil d'autoévaluation des progrès individuels à compléter par chaque élève pour assurer la liaison école-collège.

Fiche guide 13

L'apprentissage à l'école primaire instructions officielles

Finalité

Cet apprentissage est destiné à « *préparer sur les plans linguistique, psychologique et culturel les enfants à tirer le meilleur profit de l'apprentissage des langues au collège* ». (Circulaire n° 89-065 du 6 mars 1989, *BO* du 16 mars 1989).

Principes fondamentaux

• Priorité à la communication.

« *La priorité est accordée à l'imprégnation et à l'activité orales qui restent fondamentales au début de l'apprentissage pour faire naître chez les élèves le désir, l'habitude, puis la capacité de communiquer en langue étrangère.* » (Circulaire n° 91-246 du 6 septembre 1991, *BO* du 19 septembre 1991).

« *L'objectif est de faire progresser, à tous les niveaux, la compétence en langue étrangère et de préparer les jeunes à leur vie de citoyen européen en leur donnant les outils nécessaires à la communication.* » (Circulaire n° 95-103 du 3 mai 1995, *BO* du 11 mai 1995).

• Un apprentissage centré sur l'enfant.

« *On veillera en permanence à rechercher des situations qui suscitent des échanges naturels dans lesquels les élèves puissent se sentir acteurs à part entière de ce qu'ils disent.* » (Circulaire n° 91-246 du 6 septembre 1991, *BO* du 19 septembre 1991).

« *Cet apprentissage, centré sur l'enfant, doit tenir compte dans ses objectifs comme dans ses méthodes, de l'âge des élèves, de leur psychologie, de leurs goûts, de leurs habitudes de travail.* » (Circulaire n° 95-103 du 3 mai 1995, *BO* du 11 mai 1995).

• Une méthodologie active.

« *La spécificité de l'enseignement d'initiation réside dans l'association intime et constante qui s'opère entre le dire et le faire, entre le langage et l'action, à travers une gamme très large d'activités.* » (Circulaire n° 91-246 du 6 septembre 1991, *BO* du 19 septembre 1991).

• Un apprentissage structuré.

« *La structuration de l'apprentissage linguistique, qui différencie l'initiation d'une simple sensibilisation, repose essentiellement sur l'intégration des différentes activités d'une séquence dans un projet cohérent et sur leur répartition en fonction des phases successives de l'assimilation linguistique.* » (Circulaire n° 91-246 du 6 septembre 1991, *BO* du 19 septembre 1991).

• Une ouverture culturelle.

« *Cette découverte (…) touche également les traits de civilisation et de culture liés de façon indissociable à la langue.* » (Circulaire n° 95-103 du 3 mai 1995, *BO* du 11 mai 1995).

• La réflexion sur la langue.

« *L'élève est conduit à opérer des rapprochements avec sa langue, à prendre conscience des différences ou similitudes.* » (Circulaire n° 95-103 du 3 mai 1995, *BO* du 11 mai 1995).

FICHE GUIDE **14**

RÉFÉRENTIEL DES COMPÉTENCES À ACQUÉRIR À L'ÉCOLE ÉLÉMENTAIRE

(Circulaire n° 95-103 du 3 mai 1995, BO *du 11 mai 1995)*

NOTIONS ET FONCTIONS LANGAGIÈRES : QUELS SAVOIR-FAIRE?

Parler de soi, se raconter (identité réelle, identité fictive)

- Se présenter : donner son nom, son âge, son adresse, son numéro de téléphone…
- Parler d'états passagers (chaud, froid), exprimer ses sentiments (plaisir, surprise…).
- Parler de ce qu'on aime, de ce qu'on aimerait faire, de ce qu'on n'aimerait pas faire.
- Parler de ce qu'on possède, de ce qu'on ne possède pas.
- Parler de son environnement (maison, école…) : décrire, localiser, qualifier.
- Parler de ce qu'on sait / peut faire.
- Dire à l'autre qu'on sait, qu'on ne sait pas.

Parler aux autres

- Savoir s'exprimer pour participer à la vie de la classe (je comprends, je ne comprends pas…).
- Savoir entretenir les relations sociales : se saluer, remercier, s'excuser, prendre congé.
- Exprimer une appréciation, donner son avis (accord, désaccord).
- Exprimer un désir, une injonction.
- Demander des informations relatives à son identité, sa vie quotidienne, etc.
- Exprimer des réactions affectives simples.

Parler des autres et du monde

- Parler des autres : identité, vie quotidienne, ce qu'ils font, ont fait…
- Parler de l'environnement : décrire, énumérer, localiser, qualifier, compter, évaluer une quantité.
- Savoir évoquer les repères spatiaux et temporels les plus importants.
- Savoir utiliser quelques articulations élémentaires de logique et de coordination.

L'entraînement à la maîtrise de ces différentes compétences et plus particulièrement de la dernière sera l'occasion de mettre en œuvre et d'enrichir les connaissances relatives à la géographie et à la civilisation du pays dont la langue est étudiée (les emblèmes nationaux, la monnaie, les repas et les boissons, l'emploi du temps de l'écolier, les fêtes du calendrier, quelques exemples de manifestations publiques traditionnelles, etc.).

LANGUE ORALE, LANGUE ÉCRITE : QUELS SAVOIR-FAIRE?

Langue orale

Dans la classe, pour communiquer entre eux et avec le maître, les enfants doivent être capables de :

- comprendre le langage qui régule les activités de la classe et réagir de façon adaptée;
- comprendre des directives données, dans le cadre d'une situation d'apprentissage (situation de jeu, par exemple);
- dire qu'ils n'ont pas compris;
- demander qu'on répète;
- demander le sens d'un mot, d'une expression.

Compréhension de dialogues ou de récits oraux

L'enfant doit être capable :

- de saisir le sens général d'un dialogue ou d'un récit;
- d'identifier les personnages et leur associer les divers énoncés;
- de reconnaître les relations existant entre les personnages;
- de comprendre les indications relatives aux personnages, aux lieux et aux événements du dialogue ou du récit (chronologie des faits, dénouement).

Afin de parvenir aux compétences précédentes, l'enfant devra être entraîné à :

- identifier :

- l'intonation correspondant aux différents types d'énoncés (déclaratif, interrogatif, injonctif, exclamatif);
- la temporalité : présent, passé, futur;
- l'unique, le multiple;
- les marques de l'intensité : adverbes, accentuation;
- les groupes de souffle.

- percevoir intonations et phonèmes voisins.

Expression orale

En situation de communication, l'enfant devra être capable de :

- mettre en œuvre à un niveau simple les fonctions langagières indiquées plus haut;
- mémoriser et reproduire une chanson, une comptine ou quelques répliques d'un sketch, d'une saynète, dont le sens aura été perçu;
- reproduire un énoncé en respectant le rythme et le schéma d'intonation (comptine, chanson, poème...);
- réutiliser des mots et expressions dans un contexte différent de la situation d'apprentissage initiale.

Langue écrite

L'enfant doit être capable de :

- reconnaître la forme écrite d'énoncés présentés à l'oral;
- repérer les éléments essentiels de la phrase;

• prendre appui sur des mots connus ou transparents pour comprendre le sens général de l'énoncé.

L'ensemble de ces compétences doit permettre à l'enfant de comprendre :

• de courts messages écrits de la vie quotidienne (enseignes, affiches publicitaires, prospectus, panneaux de signalisation, liste de courses, invitation, carte postale, carte de vœux;
• de brefs récits.

Afin de faciliter la compréhension, on conduira l'élève à identifier quelques pronoms personnels, les possessifs, le temps, le lieu et les éléments simples de coordination.

Expression écrite

L'enfant doit être capable de :

• recopier en ayant identifié les groupes de mots;
• remettre dans l'ordre les éléments d'une phrase ou d'un très court dialogue;
• compléter un énoncé lacunaire ou une amorce d'énoncé;
• rédiger une courte légende pour un document iconographique;
• rédiger des messages simples : vœux ou anniversaire, listes de vêtements pour partir en vacances, listes de courses, petite lettre...

Pour parvenir à ces compétences, on conduira progressivement l'élève à construire de courts énoncés structurés.

Catch the spirit : Diversité des parcours au collège

Il n'est pas inutile de rappeler la vocation de la politique éducative actuelle dans notre pays et ses conséquences pour l'organisation et les pratiques pédagogiques. Accueillir la presque totalité des élèves de l'école primaire, apporter aux élèves en difficulté des réponses adaptées, offrir à chacun la possibilité de développer au maximum son potentiel dans les domaines qui l'intéressent ou dans lesquels il excelle, conduire chaque élève, d'une façon ou d'une autre, jusqu'en classe de troisième, éduquer les jeunes à une orientation construite à partir d'éléments personnels et de facteurs positifs est un véritable défi dont on commence juste à percevoir les enjeux et les implications.

Cela suppose tout d'abord une organisation pédagogique et la définition de moyens et de modalités adaptés :

– une évaluation initiale pour tous les élèves entrant en sixième (ceci devrait désormais concerner les langues vivantes aussi bien que le français et les mathématiques);
– une liaison plus étroite entre les maîtres de l'école et ceux du collège (ceci devient indispensable avec la mise en place de l'initiation aux langues étrangères à l'école et peut être grandement facilité par la présence et l'activité d'un animateur dans chaque secteur de collège);
– un suivi et une prise en charge des élèves en difficulté dans le cadre de groupes de consolidation. L'anglais figure souvent parmi les disciplines concernées par ce type de structure différente de la classe de sixième;
– à l'opposé, des regroupements au sein de sections européennes pour les élèves présentant de très bonnes aptitudes à l'apprentissage d'une langue. Ceci concerne un nombre toujours croissant de collèges et résulte d'initiatives d'équipes éducatives dynamiques et innovantes;
– une aide pédagogique au travail personnel dans le cadre des études dirigées, en sixième et parfois à d'autre niveaux;
– à partir de la classe de cinquième, l'offre de parcours diversifiés qui, dans de nombreux cas sont construits autour de projets transdisciplinaires, mais concernent parfois spécifiquement l'anglais. Dans les deux cas la pratique de la langue se veut moins académique et vise à des productions ou des réalisations, et constitue donc un véritable apprentissage que l'on se soucie d'évaluer, à défaut de le sanctionner par une note;
– la logique de cette diversification des parcours est la constitution de regroupements en classe de troisième dont les profils peuvent être très variables et dépendent souvent, non de la performance ou de l'aptitude en langue, mais plutôt du choix des options et des projets d'orientation.

Complexité et souplesse caractérisent ce nouveau dispositif qui déroute encore de nombreux enseignants, en particulier ceux qui ont été formés à une pédagogie monolithique et à un enseignement dit « de masse ». À l'inverse, il laisse une large place aux initiatives, à l'innovation, à l'adaptation au contexte local. Il impose nécessairement un travail en équipe, une pratique plus critériée et formative de l'évaluation, une redéfinition des approches et des contenus plus soucieuse de continuité et de cohérence dans les apprentissages.

Le professeur d'anglais d'aujourd'hui n'a plus en tête une vision d'un niveau théorique pour une classe donnée. Il s'interroge sur son public, vu comme une somme d'individualités. Il échange avec ses collègues de la discipline pour savoir d'où il part et où il va. Il cherche à se donner des outils pour positionner son public et mesurer ses progrès dans sa discipline. Il partage avec les collègues des autres disciplines le souci de ne pas aboutir à un éclatement des savoirs mais bien au contraire de faire apparaître l'unité des savoirs. Il est en recherche et développe une conception plus ouverte et plus exigeante que jamais de son métier.

Fiche guide 15

Le groupe de consolidation en sixième

Qui sont les élèves en difficulté ?

Nous savons aujourd'hui qu'ils présentent presque toujours les caractéristiques suivantes : ils sont entrés en sixième avec une ou deux années de retard, leurs résultats aux épreuves d'évaluation de sixième révèlent des difficultés importantes en français et en mathématiques.

On sait aussi qu'ils sont souvent originaires de milieux défavorisés où l'expérience et la culture scolaire sont rares, ou bien encore qu'ils grandissent dans des familles où l'on ne suit pas assez leur travail personnel et leurs progrès. Le chômage et le divorce entraînent dans leur triste sillage des parents désemparés, ne maîtrisant pas leurs propres problèmes et incapables de manifester de l'intérêt pour le comportement et les résultats scolaires de leur enfant : on ne fait pas réciter les leçons, on ne contrôle pas si le travail est fait ou le sac préparé pour le lendemain... Quand bien même on le voudrait, on trouve bien compliquée cette planète école, obscures les consignes de travail, et l'on ne possède pas les repères ou les rudiments de méthode pour aider son enfant.

La noblesse de l'école, même si elle ne peut faire table rase des multiples problèmes qui pèsent sur l'enfant défavorisé, déchiré ou isolé, est pourtant de s'efforcer d'apporter des réponses et de prendre en charge ces élèves en priorité : ils sont en danger d'échec.

Les professeurs d'anglais, aux côtés de leurs collègues, découvrent donc ou redécouvrent la nécessité d'une pédagogie et d'une didactique différente pour ces enfants.

La politique éducative a d'ailleurs été infléchie pour que les moyens et l'organisation pédagogique du collège soient reconsidérés à la lumière des besoins criants de ces élèves. C'est à leur entrée au collège qu'il faut agir, et non lorsqu'ils seront déjà engagés dans des impasses, trop âgés, pétris de doutes et d'incertitudes concernant leur avenir.

Difficulté n'est pas synonyme d'échec

Apportons tout de suite deux correctifs importants à ce que nous venons de décrire.

Les élèves en difficulté ne sont pas des élèves en échec, phénomène plus perceptible en classe de quatrième ou troisième. Ils croient encore en l'école qui leur donne des repères et des relations socialisantes. Simplement, l'enseignant qui, dans l'ensemble, fait réussir leurs camarades ne répond pas à leurs besoins pour des raisons qui sont liées à leur psychologie, ou à la méthode, à l'approche.

Il importe donc de distinguer difficultés comportementales et difficultés d'apprentissage réelles, tout comme il faut se garder de confondre difficultés passagères et difficultés profondes. Le groupe de consolidation que nous allons évoqué est donc une dimension espace-temps qui reste ouverte et provisoire, qui ne prive l'élève ni d'un contact avec les autres de sa classe (on ne « consolidera » que dans une, deux ou trois disciplines) ni d'une reprise d'un parcours ordinaire, ce que l'on doit viser tôt ou tard pour chacun. Le temps de maturation et la restauration de la confiance et de la motivation sont les enjeux de cette pédagogie.

La consolidation ne s'appuie pas sur une prédéfinition des contenus des activités mais bien sur des observations non disciplinaires :

– comportement instable, agressif, inhibé;

– matériel oublié, incomplet, non respecté;

– travail insuffisant, non fait, systématiquement remis en retard;

– et surtout présentation négligée ou totalement inorganisée; langue écrite inintelligible, graphie cahotique; problème de lecture et en particulier incompréhension des consignes ou du contenu des supports.

Ces observations doivent déboucher sur des objectifs contractualisés, totalement individualisés. Consolidation rime en effet souvent avec individualisation.

Compétences à développer (objectifs comportementaux et méthodologiques)

• Compétences relationnelles.

Encourager l'élève à prendre une part active dans les échanges au sein d'un groupe, à ne pas se situer en retrait dans la classe, à demander des renseignements ou des précisions. Développer chez lui une attitude communicative : lever les yeux pour répondre, regarder son interlocuteur, annoncer le nom de l'élève auquel on s'adresse…

• Capacités méthodologiques transférables ou généralisables.

S'entraîner à mémoriser immédiatement, ou pour le lendemain; vérifier quelques jours après ce que l'on a retenu (mémorisation de mots, de structures, des paroles d'une chanson ou le petit texte d'un dialogue ou d'une comptine).

Prendre des notes sur son cahier et vérifier rapidement que cela correspond bien à tout ce qui figure dans le livre ou sur le tableau.

Analyser des informations : ce que l'on demande, qui parle, ce qui est dit, à qui cela s'adresse.

Formuler en français ce que l'on comprend, ce que l'on ne comprend pas, en quoi consiste l'exercice à faire dans l'immédiat ou pour le lendemain.

Ainsi ce qui se fait avec le professeur d'anglais sera utile pour étudier d'autres disciplines.

• Capacités liées à l'apprentissage et la pratique d'une langue.

Repérer ce que l'on comprend, ce que l'on ne comprend pas ou ce qui est nouveau.

Demander que l'on répète une information ou une consigne.

S'entraîner à l'écoute active avec une tâche simple (repérer une information).

S'entraîner à mettre en relation des informations entendues avec l'aide d'une trace écrite partielle.

Lire un texte court avec un objectif fonctionnel (*reading for a purpose*).

Donner et demander des informations en langue étrangère.

S'entraîner à communiquer avec un ou plusieurs partenaires (*sketch, information gap*).

Utiliser des sources (un texte, un support visuel).

Utiliser des ressources (liste de mots, dictionnaire, notes du manuel, logiciel).

Remettre en ordre des informations.

Résumer ce qui est important dans une leçon.

Apprendre à travailler son accent et son élocution à l'aide du modèle enregistré (on évitera toujours la lecture à voix haute avec ce type de public très facilement inhibé, en s'appuyant davantage sur des matériaux mémorisés ou très familiers).

Implications pédagogiques et didactiques

- Ne pas enfermer les élèves dans des tâches répétitives, mécaniques, parcellaires. Ils n'en sortiraient jamais. Ne pas confondre séquences d'activités et pages d'exercices. Motiver et finaliser le plus possible chaque activité.

Exemple : « Peter va nous raconter une journée de sa vie à Oxford ».

Toujours mettre l'élève en position d'acteur-locuteur et lui ménager ensuite une pause structurante pour analyser brièvement ce qu'il a fait et s'évaluer.

Toute activité doit donc rester porteuse de sens pour l'élève et entretenir le sentiment qu'il apprend toujours à parler anglais.

- Une progression doit être définie pour le groupe de consolidation. Elle sera différente de celle de la ou des classes, devra s'alléger et se ralentir sur certains points cruciaux (*exemple :* les auxiliaires, la possession…) afin de laisser aux élèves le temps de structurer leurs connaissances.
- Pour des raisons aussi bien affectives que structurelles, il est nécessaire de ne pas recourir au schéma de cours frontal mais bien d'individualiser au maximum la relation de travail et d'étude : rapport entre l'élève et son support (livre, fiche d'activité, enregistrement, écran d'ordinateur simple ou multimédia), rapport entre l'élève et le professeur qui vient à plusieurs reprises s'asseoir près de lui et voit les choses à sa hauteur, rapport entre l'élève et les autres dans le cadre d'un atelier, d'un travail en équipe ou en tandem.
- Un cahier d'anglais considéré comme un outil de référence simple et facile à utiliser. Éviter les temps de copie excessifs tout comme les informations très laconiques qui ne permettront pas de reconstruire le sens ni de fixer les connaissances. L'élève prendra l'habitude de s'y reporter non seulement si le maître lui donne des activités d'application intéressantes mais plus encore si le maître consulte fréquemment ces cahiers, vérifie, apprécie les efforts et les gratifie.
- Plus encore qu'avec les autres élèves, le vrai défi sera de faire aimer l'anglais et de cultiver l'envie et le plaisir d'apprendre.

FICHE GUIDE **16**

L'ANGLAIS LANGUE VIVANTE 2

Voici un enseignement qui s'adresse à un public choisi, surtout lorsqu'il s'agit des élèves ayant choisi l'allemand en LV1, plus âgé, plus mûr, ayant déjà vécu l'expérience de l'apprentissage d'une langue.

L'adaptation demandée au professeur concerne cette fois moins les contenus que les stratégies, la gestion du temps et de la progression et l'approche psychologique, méthodologique et culturelle de la langue.

Les contenus d'enseignement

Les programmes de quatrième et de troisième LV2 sont composés des mêmes éléments que ceux de LV1 pour ces mêmes classes :

– l'orientation fonctionnelle qui met en relation savoir-faire linguistique, structures, grammaire, lexique et phonologie;
– une même présentation thématique du programme lexical conçu comme un minimum exigible que l'on peut élargir et enrichir à loisir;
– un programme culturel.

Une progression nécessairement plus rapide

Cela se justifie objectivement par le fait que le même parcours va en quelque sorte être effectué en deux fois moins de temps.

La maturité du public lui permet également de maîtriser plus rapidement les temps et les aspects. Son expérience antérieure d'apprentissage d'une langue étrangère, sans parler de celui de leur langue maternelle, consolidé et développé au collège, favorise le transfert de savoir-faire.

Il y a également un facteur important dont il serait dangereux de ne pas tenir compte : les attentes et les besoins d'un bagage d'expression, parfois entravés, il est vrai, par l'inhibition qui gagne bon nombre d'adolescents.

C'est en particulier au tout début de ce nouvel apprentissage qu'il faut donner à l'élève le sentiment d'avancer, d'aller plus vite et d'apprendre beaucoup. Cela signifie, bien sûr, que l'on procède autrement.

Une plus grande exposition à la langue

Voilà bien un second principe essentiel. Contrairement à la classe de sixième, il est cette fois nécessaire et justifié de mettre les élèves en présence de supports plus élaborés, témoignant d'une culture actuelle, attrayante et dynamique, de les exposer dans les échanges et le dialogue avec la classe à une langue vivante et riche.

Plutôt que des scénarios pédagogiques édulcorés, trop finalisés par la présentation de structures ou de termes nouveaux, il convient de donner de la matière à l'exploitation des documents et à l'appropriation de moyens d'expression. Seuls les documents authentiques peuvent répondre à cette nécessité. À défaut, on peut s'appuyer sur des méthodes pour adultes qui utilisent de bonnes imitations de l'authentique et ne sombrent pas dans une vision infantile ou scolaire de la langue et de la réalité anglaises.

Cela signifie en particulier que l'on accorde toute son importance à la lecture autonome, au questionnement par l'élève lui-même du document, même si cela nécessite un guidage.

Des documents de presse courts, des textes d'auteurs adaptés, sont la meilleure piste à explorer, sans négliger l'image pour laquelle ces collégiens ont déjà développé une capacité d'analyse : photographies, œuvres d'art, documents audiovisuels.

L'approche audio-orale prend ici un statut différent

Elle sert davantage à construire une compétence en compréhension que comme point de passage obligé de connaissances nouvelles.

Il est bon qu'elle intervienne de façon différée et spécifique, à un moment de la leçon, de l'étude d'un dossier, en amorce d'une activité.

La présentation des faits à acquérir sera cependant plus aisée à partir de supports plus simples ou plus ciblés.

Un travail personnalisé

L'élève de cet âge n'attend plus que le professeur explique tout. Il demande à être guidé, encouragé, valorisé, et qu'on l'aide à évaluer son efficacité et ses progrès (la même chose vaut pour les élèves de ce niveau en LV1).

On peut s'appuyer sur les techniques récentes qui font davantage appel à l'initiative et l'activité de l'élève qu'à des figures imposées par le contenu des supports.

Plus que jamais, l'élève appréciera d'être mis en position d'acteur, d'enquêteur, de locuteur et de parler en son nom propre.

La réflexion sur les faits de langue peut s'engager dans des conditions encore plus favorables qu'en sixième ou au début du cycle central.

L'entraînement à la production écrite

Il constituera l'un des axes de la progression. L'écriture est trop essentielle dans l'apprentissage et le développement de compétence pour être réservée à une simple fonction d'évaluation. On se reportera sur ce point à la partie consacrée à la programmation de l'enseignement.

La découverte de références culturelles riches et vivantes

Elle est un des plus sûrs moyens de stimuler ce public adolescent dont la curiosité ne demande qu'à s'éveiller.

Catch the spirit : Enseigner l'anglais dans les sections européennes des collèges

❐ *Organisation et finalités*

En conformité avec les textes officiels, le collège ne propose pas encore l'enseignement d'une discipline non linguistique comme c'est le cas dans toutes ces sections au lycée.

D'une part, on peut considérer que la section européenne reprend les meilleures tentatives des classes bilingues d'autrefois ou perpétue l'existence des heures de langue vivante renforcée en classe de quatrième et de troisième.

D'autre part, il est clair que les sections européennes des collèges se créent autour de projets culturels et ouvrent la possibilité d'un travail interdisciplinaire.

Le public y est sensiblement plus homogène que dans les classes du niveau équivalent. Cela peut s'expliquer par le recrutement sur dossier scolaire (peu pertinent puisqu'il s'agit de valoriser les élèves présentant de réelles aptitudes à apprendre une langue et à l'utiliser pour étudier) sur tests en anglais (pertinents à condition de prendre en compte la dimension communicative) ou sur entretien de motivation et avis du professeur d'anglais (mode le plus pertinent et qui donne à terme le plus de garanties).

La section ne correspond pas nécessairement à une classe donnée. Il s'agit plutôt d'un regroupement linguistique, les élèves appartenant par ailleurs à une classe en continu.

Au collège, l'enseignement est donc exclusivement confié à une équipe de professeurs d'anglais, qu'ils soient d'origine francophone ou anglophone. Un travail en équipe et une démarche de projet sont indispensables.

Une heure ou une heure et demie hebdomadaire est en général consacrée à la section européenne en sus de l'horaire d'anglais langue vivante 1.

❐ *Une nécessaire variété des supports et des activités*

Le professeur d'anglais, dans le cadre de cet enseignement, peut utiliser toutes sortes de matériaux : textes de nature factuelle contenant des informations historiques, géographiques, scientifiques sans difficulté excessive, ainsi que des documents relatifs au patrimoine culturel des pays de la langue cible.

Dans tous les cas, il est indispensable de pratiquer une pédagogie du projet, avec des objectifs plutôt transversaux : être capable de procéder à des recherches, de lire en autonomie, de produire du texte et du langage dans un registre spécifique.

Ces projets sont donc conçus comme des parcours d'apprentissage, où les élèves seront exposés à la langue étrangère et conduiront toutes les activités dans celle-ci.

Les thèmes

Parmi les thèmes d'étude que l'on pourra retenir pour ces projets, citons :

– un dossier ou une enquête sur un personnage historique ;
– un dossier sur un événement ou une période historique ;

- un dossier sur une région ;
- un dossier sur une découverte scientifique ;
- un dossier sur les grandes inventions ou les grandes explorations ;
- un dossier sur un thème économique ;
- l'étude de phénomènes comme les volcans, les tremblements de terre, les éclipses ;
- un article d'une revue de vulgarisation scientifique ou d'une encyclopédie attrayante, etc.

The Children's Telegraph ou *The Funday Times* sont une source appréciable de documents riches en informations de toutes sortes.

Penser au *BBC Widlife Series* et à *Discovery Channel* sur le satellite.

L'*Oxford Junior Encyclopedia* et l'*Encyclopedia Britannica* doivent figurer dans le centre de documentation de tout collège ouvrant une section européenne.

Le travail sur les supports

On développera les techniques permettant aux élèves d'identifier le sens de certains mots ou expressions dans un contexte donné.

Inférence du sens d'un mot par rapport à son environnement immédiat. Recherche d'un réseau d'aide interne (avec guidage). Vérifications en équipe ou à l'aide d'un ouvrage de référence. Étude du texte en distinguant récit et discours (faits et opinion ou point de vue). Repérage de l'essentiel et de l'accessoire, de l'anecdotique et du plus général.

On développera dès ce stade les techniques de prise de notes :

- repérage des points clés ;
- transcription éliminant les mots non essentiels ;
- organisation des informations extraites : séquences logiques ou frises chronologiques, établissement de relations (cause à effet, opposition, simultanéité), recours à des diagrammes, réseaux de signification, arborescences (*Tree diagrams* ou *spider diagrams*).

Cette technique permettra périodiquement de s'entraîner à prendre la parole ou à produire des articles ou de courts textes (expansion).

Les élèves apprécieront de mettre ces techniques à profit pour rédiger des légendes ou commenter les documents de leur dossier.

L'organisation d'une exposition donne une excellente finalité à un projet, valorise les élèves de la section et motivera les éventuels candidats.

La correspondance, l'échange de documents de toutes sortes (emploi du temps, journal de classe) nourrira l'échange que l'on mettra tôt ou tard en œuvre avec une école anglophone partenaire.

La télématique et le fax sont également un moyen intéressant de faire entrer la langue vivante et la culture dans la classe.

FICHE GUIDE 17

THÈMES D'ÉTUDE POSSIBLES EN SECTION EUROPÉENNE DE COLLÈGE

Repérages ou dossiers géographiques

Les îles Britanniques. Les nations du Royaume-Uni. Les villes importantes de Grande-Bretagne. Les régions anglaises. Un pays tourné vers la mer et ses conquêtes plutôt que vers l'Europe : l'Angleterre. La nature en Grande-Bretagne et en Irlande.

Repérages et dossiers historiques

- Événements : 1066; *The Invincible Armada*; *The Pilgrim Fathers*; *The Great Fire*; *The Industrial Revolution*; *The making of the British people*; *The Blitz*.
- Personnages : Shakespeare; Bonnie Prince Charlie; Captain Cook; Queen Victoria; The Brontës; Florence Nightingale; Charles Darwin; Livingstone; Winston Churchill.
- Lieux symboliques : Stoneherge; Hadrian's Wall; Canterbury; The City; The Black Country; The Highlands; The Channel.
- Découvertes et inventions : *British explorers*; Stephenson; Alexander Fleming; *Tutankhamon and the discovery of the tomb*.

La vie dans les îles Britanniques

Usages sociaux. Moments de la journée. Repas et nourriture. Calendriers, fêtes, traditions. Cadre de vie. L'école à l'anglaise. Les loisirs. Les sports (cricket, soccer, rugby).

Les institutions

La monarchie. Les partis politiques, le Parlement. La police et la justice.

PROGRAMMER ET ÉVALUER

FICHE GUIDE 18

PROGRAMMER SON ENSEIGNEMENT À LONG TERME

Afin de gérer le plus efficacement possible la durée globale dont on dispose pour faire assimiler le programme aux élèves, il importe de tenir compte de l'ensemble du calendrier scolaire annuel et de prévoir les contraintes temporelles incontournables :

– dates des congés scolaires;
– nombre total d'heures d'enseignement;
– dates des conseils de classe trimestriels;
– dates approximatives des contrôles communs ou contrôles mensuels.

Le temps ainsi clairement dégagé et balisé peut alors servir de base à un projet de progression tenant compte des différents éléments du programme.

Les trois grands volets de la grammaire anglaise sont le groupe nominal, le groupe verbal, la phrase.

Afin d'associer la découverte de faits de langues nouveaux et le recyclage ou la consolidation d'autres faits déjà découverts, il est nécessaire de faire apparaître des composantes de ces trois grands chapitres dans la programmation trimestrielle.

Groupe nominal (exemple de progression en classe de sixième)

Ainsi, au premier trimestre, on introduira la notion de noms dénombrables et indénombrables, ce qui rendra nécessaire d'aborder la détermination dans la même période de l'année, en partant des démonstratifs, plus concrets et plus simples, pour faire maîtriser progressivement l'emploi des différents articles.

Au second trimestre, l'introduction des noms composés anticipera celle des adjectifs composés au troisième trimestre.

Groupe verbal

• Les temps.

Au cours de l'année en classe de sixième, il est désormais indispensable de prévoir les emplois du prétérit simple ou *simple past.*

Cette première appropriation sera facilitée par la maîtrise d'éléments lexicaux d'une part (un bagage de verbes d'action réguliers) et grammaticaux (l'emploi de l'auxiliaire *do* et l'ordre des mots dans les énoncés affirmatifs, interrogatifs et négatifs).

• Les aspects

Plus difficiles pour un francophone, les aspects seront mieux perçus lorsque l'on aura développé chez les élèves la capacité à repérer le point de vue du locuteur.

Ainsi, en sixième, on mettra en évidence l'intérêt du locuteur pour l'activité du sujet de la phrase : *John is getting up.*

On aura intérêt là aussi à s'appuyer sur une maîtrise antérieure de l'expression de l'heure et de la localisation afin de travailler toujours avec des indicateurs contextuels : *It's half past seven. John is in his bedroom. He is getting up.*

Au cycle central, on pourra de la même façon amener les élèves à comprendre que dans la construction *have + ven* (qui est aussi un aspect et non un temps grammatical), le locuteur s'intéresse au résultat d'une action achevée : *John has repaired his bike.*

La phrase

À nouveau, sur ce point, il est intéressant de dégager des priorités.

• Les phrases interrogatives.

Elles sont indispensables pour que l'élève acquiert une autonomie dans le dialogue en langue étrangère en classe. De même, elles permettent une maîtrise de l'emploi des différents auxilaires.

• Les réponses et les reprises.

Outre la maîtrise des constructions de base (on doit y exposer les élèves dès les premières semaines et les faire pratiquer chaque fois qu'un nouvel auxiliaire est introduit), elles sont le meilleur moyen de constater des phénomènes importants dans la construction du discours et de mettre les élèves en garde contre le calque grammatical :

> Moi dans une réponse ne se traduit pas par *me* mais par un pronom et un auxiliaire :
>
> *I can*
>
> *I don't*
>
> *I do*

Par contre, il est prudent d'attendre une période plus avancée de l'année et la maîtrise d'outils langagiers plus variés pour observer le lien logique entre l'ordre des mots et le thème :

> *My sister lives in England*
>
> *I have a friend in London*
>
> *I have a friend who lives in Bath*

Ou encore observer les liens permanents entre focalisation (ce que le locuteur veut mettre en relief) et accentuation : ***Jim*** *is my brother. Peter is my* ***cousin***.

Dans la programmation à long terme, un parcours de découverte et d'appropriation des outils grammaticaux est donc à construire méthodiquement.

Cependant, comme on vient de le voir, la grammaire n'est jamais à isoler des autres éléments du langage, en particulier la phonologie et le lexique, et doit toujours s'inscrire dans une perspective de communication.

FICHE GUIDE 19

PROGRAMMER À COURT TERME

Le projet pédagogique

On entend ici par projet pédagogique une séquence d'enseignement visant à atteindre un ensemble d'objectifs précis, cohérents et gradués. Cette séquence est construite à partir des contenus de programme et non exclusivement à partir de l'unité d'un manuel ou d'une méthode.

Les objectifs

Ils sont définis en termes de capacité : les élèves seront capables de...

Un objectif doit avoir des résultats observables : efficacité en compréhension, capacité à produire des types de messages précis, etc., et répondre à des besoins correspondant aux actes du langage adaptés à l'âge des élèves (voir contenu notionnel-fonctionnel des programmes de la classe ou du cycle).

Un objectif majeur doit finaliser le projet. Il s'appuie sur des objectifs intermédiaires d'acquisition, et sur le rebrassage de connaissances pertinentes par rapport aux champs linguistiques abordés ou revisités.

EXEMPLE DE PROGRAMMATION
SUR DEUX SEMAINES AU PREMIER TRIMESTRE

(Classe de sixième ayant 4 heures d'anglais hebdomadaires)

Semaine 1

• Séance 1.

Objectif : les élèves seront capables de parler de ce que l'on fait tous les jours et le demander aux autres.

Contenus grammaticaux : présent simple, question en *wh*, pronoms *I / You*.

Contenus lexicaux : les rites de la vie quotidienne, les repas.

Activités : compréhension auditive, production orale.

Évaluation formative.

• Séance 2.

Objectif : les élèves seront capables de parler des occupations et des activités d'autrui.

Contenus grammaticaux : présent simple, troisième personne du singulier.

Contenus lexicaux : les hobbies.

Activités : compréhension auditive, compréhension écrite, production orale.

Évaluation formative.

• Séance 3.

Objectif : parler de ce que l'on fait et de ce que l'on ne fait pas.

Contenus grammaticaux : présent simple, constructions négatives avec *don't.*

Contenus lexicaux : les transports, les loisirs.

Activités : production orale, compréhension orale, production écrite.

Évaluation formative.

• Séance 4.

Objectifs : les élèves seront capables de demander et dire à quelle fréquence on fait une action.

Contenus grammaticaux : présent simple; adverbes de fréquence : *always, usually / often, sometimes, never*: Pronoms *I / You / He / She / We / They.*

Contenus lexicaux : les activités quotidiennes (rappel et enrichissement), la vie à l'école.

Semaine 2

• Séance 1.

Objectif : les élèves seront capables de dire ce que l'on fait habituellement et de le demander aux autres, narration d'un conte (compréhension orale), lecture du texte du conte, production orale (reconstitution du conte).

Contenus grammaticaux : réactivation de tous les éléments.

Contenus lexicaux : réactivation de tous les champs vus la semaine précédente.

• Séance 2.

Évaluation formative.

Compréhension auditive (2 documents contextes différents).

Compréhension écrite.

Production orale.

Production écrite.

• Séance 3.

Évaluation sommative : portant sur les contenus linguistiques de l'ensemble du projet. Exercices portant sur les quatre domaines de communication.

• Séance 4.

Activités différentes.

PROGRAMMER LES PHASES D'UNE LEÇON AU COLLÈGE :

(en prenant en compte les points de passage obligés d'un parcours d'apprentissage)

• *Mise en train.*

Accueil en anglais.

Socialisation.

Échauffement (rompre avec la discipline enseignée dans le cours précédent).

Évaluation de départ (interrogation orale, contrôle d'acquisitions, correction d'exercices).

• *Introduction de la leçon.*

Motivation pour la découverte de nouveaux éléments.

Élèves engagés dans une démarche d'investigation personnelle.

Amorce à partir d'un exemple.

• *Reconnaissance.*

Exploration / Repérages.

Compréhension guidée.

En contexte : mise en relation des informations entre elles et avec des éléments connus (réactivation).

• *Appropriation.*

Reconstitution et reformulation diversifiée.

En contexte : production guidée (point de vue dans le document).

Contexte ouvert : production plus personnelle (point de vue de l'élève).

• *Application.*

Contexte différent : situation de transfert ou de généralisation.

Expression personnelle.

Situations d'énonciation voisines.

Variantes dans les champs linguistiques.

Réinvestissement dans un contexte ludique.

• *Pause de réflexion sur un ou plusieurs faits de langue.*

Repérage.

Description et analyse (métalangage).

Approche contrastive / manipulations.

Mise en relation avec d'autres faits de langue.

Fixation à partir d'un corpus modeste d'énoncés (aide mnémotechnique).

Rapprochement avec le fonctionnement de la langue maternelle.

• *Évaluation d'arrivée* (formative).

Élèves mis en mesure d'apprécier leur degré de maîtrise.

Aide complémentaire fournie par le professeur.

Travaux personnels à effectuer, tâches de mémorisation, d'imitation, de transformation, de production.

• *Remarque.*

L'élément nécessaire de variété est fourni par les supports et les activités, à ce niveau, et non par des fluctuations fréquentes de la méthode.

FICHE GUIDE 20

LES FONCTIONS DE L'ÉVALUATION

Les paramètres

• Le choix des objectifs.

Qu'elle soit formative (vérification des acquis en cours d'apprentissage) ou sommative (évaluation chiffrée en fin d'apprentissage), la démarche évaluative est intégrée à la démarche d'apprentissage dont elle suit le cheminement : il s'agit de formuler des objectifs (fonctionnels, grammaticaux, lexicaux, phonologiques, culturels, méthodologiques), de vérifier dans quelle mesure ils sont atteints et d'ajuster la démarche en fonction des observations de cette évaluation. Le professeur doit être très vigilant en ce qui concerne l'adéquation entre ce qu'il enseigne et ce qu'il évalue (*Do I test what I teach?*).

• Les destinataires.

Les élèves. Il s'agit ici d'une évaluation-progrès qui permet à chacun de cerner ses capacités et ses faiblesses. Cet aspect fondamental se prête bien à l'auto-évaluation : chacun prend en charge son apprentissage en établissant un bilan régulier sur ce qu'il sait faire et ce qu'il ne maîtrise pas encore (Je sais... / je ne sais pas encore bien...). Il appartient alors à l'enseignant de fournir à chacun une aide appropriée.

– *L'enseignant.* L'évaluation lui permet de faire un bilan des acquis de ses élèves tout en évaluant l'efficacité de la démarche choisie.

– *L'institution.* L'évaluation permet de situer l'élève par rapport à la classe ou par rapport à un niveau (fin d'un cycle, Brevet des collèges...).

Les étapes

• Évaluation préalable : il s'agit d'identifier les acquis antérieurs en début d'apprentissage. Formes possibles : questionnaire sur les représentations des élèves; test de rentrée comportant une évaluation des connaissances linguistiques, des connaissances culturelles et des compétences transversales (capacité d'écoute, degré d'autonomie, etc.).

• Évaluation formative « en continu » : vérification des progrès individuels en cours de séance, en fin de séance, d'une séance sur l'autre. Formes possibles : *contrôle en début de séance*. S'il est individuel, il permet de s'assurer que les leçons sont apprises. S'il est collectif, il permet de mesurer le degré de compréhension global de la classe à un stade donné de la progression. *Contrôle en fin de séance* : *what have we learnt today?*

• Évaluation bilan : vérification des acquis portant sur une compétence ou un champ linguistique. Formes possibles : contrôle oral sur cassettes individuelles; contrôle écrit avec note chiffrée.

Évaluation formative

Objectif : évaluation d'une fonction langagière : la description d'un personnage.

Connaissances lexicales

- Complète la légende du dessin en indiquant le nom de chaque partie du corps. (Fournir un dessin schématisé qu'il faudra compléter avec les mots suivants : *hair, face, nose, eyes, leg, arm, hand, foot*).
- Cherche les intrus : lesquels de ces adjectifs ne peuvent pas s'appliquer à une personne : *small / cheap / tall / strong / sunny / clever.*

Connaissances syntaxiques

- Souligne le signe *'s* dans chaque phrase et coche la case correspondant à sa signification.

Sentence	**Marque de la possession**	***Is***	***Has***
He's got two sisters			
Who's this boy?			
Tom's got blue eyes			
He's my best friend			
I like your sister's hair			

Compréhension orale

- À quel personnage correspond la description que tu entends? (cocher dans une série de dessins celui qui correspond).

Production orale : *Pairwork*

- Chaque élève possède deux images représentant des personnages et décrit l'une des deux à son partenaire qui doit deviner de laquelle il s'agit.

Lecture

- Lis ce portrait, puis dessine le personnage décrit : *Tom's very tall; he's got short dark hair and blue eyes. Today, he's wearing a blue pullover and black trousers. He looks very happy!*

Rédaction

- Fais le portrait de ton (ta) meilleur(e) ami(e) en incluant les éléments suivants : *name, age; family; physical features; hobbies and tastes (sport, music, cinema…); reason(s) why you like him / her.*
- Contrôle de production : relis le portrait de sa meilleure amie, rédigé par une jeune anglaise de ton âge : corrige et améliore ton texte à l'aide de cet exemple.

FICHE RESSOURCE **24** **TROISIÈME**

Évaluation préalable

Objectif : évaluer les connaissances culturelles à l'entrée en troisième. Le questionnaire proposé ici peut être présenté :

– sous sa forme linéaire;
– sous forme d'un jeu de type « jeu de l'oie » (*board game*);
– sous forme de cartes à tirer par rubriques (type *Trivial Poursuite*).

Consigne : *list two items in each category.*

- *Geography.*

  Countries from Great Britain.
  English-speaking countries besides Britain.
  Towns in Britain.
  Cities in other English-speaking countries.
  States in the USA.
  (...)

- *History.*

  Famous places in London.
  British monarchs.
  Famous historical events.
  Famous writers from the past.
  (...)

- *Everyday life.*

  Festivals.
  Things British people eat for breakfast.
  Typical dishes.
  School subjects not studied in France.
  Sports played only in English-speaking countries.
  (...)

Évaluation d'une séquence

Objectif grammaticaux : comparatif de supériorité; superlatif de supériorité; répondre à une affirmation en montrant une réaction différente.

Champs lexicaux : matériel scolaire; expression du goût, de la préférence; adjectifs relatifs à l'expression de la joie / d'une dimension.

• Exercice 1 : simple restitution mécanique de connaissances lexicales.

Fill in the blanks (2,5 pts) :

1. *I keep all my tests in a... (file)*
2. *The opposite of expensive is... (cheap)*
3. *Norman was very happy, he was... (delighted)*
4. *when something is extremely small it is... (tiny)*
5. *I prefer the blue dress, I like it... (better)*

• Exercice 2 : vérification de l'appropriation du comparatif de supériorité.

Write a complete sentence and compare (2,5 pts) :

1. *An elephant - a mouse (big)*
2. *A lion - a cat (dangerous)*
3. *An Austin - a Rolls Royce (expensive)*
4. *January - February (long)*
5. *A birthday cake - a sandwich (good)*

• Exercice 3 : vérification de l'appropriation du superlatif de supériorité.

Write a complete sentence, using a superlative of superiority (2,5 pts) :

1. *John / intelligent / village*
2. *Jack / bad / all the pupils*
3. *Popeye / strong / world*
4. *She / pretty / group*
5. *This car / economical / all*

• Exercice : discrimination entre comparatif et superlatif.

Complete these sentences using either a comparative or a superlative (5 pts) :

1. *Phil is... Mike (tall)*
2. *This film is... I have seen (good)*
3. *English is... Russian (easy)*
4. *This book is... I have ever read (interesting)*
5. *February is... month of the year (short)*

• Exercice 5 : vérification de l'appropriation du point de grammaire n° 3; répondre à une affirmation en montrant une réaction différente.

Express the opposite idea very shortly (2,5 pts) :

1. *Fred is very clever but Kim...*
2. *Gill likes chocolate but he...*
3. *Alison went to the fun-fair but I...*
4. *The boys will go for a ride but the girls...*
5. *She has got a cat but we...*

• Exercice 6 : expression libérée (5 pts).

Write a short dialogue : Alison and Norman are talking about their favourite actor / actress, but they don't always agree. (Use as many comparatives and superlatives as possible).

Help : Pretty, handsome, lovely, smart, elegant, ugly, horrible, famous, great, fantastic, funny, ridiculous, interesting, boring.

Évaluation d'une séquence
To have things done (*cf.* fiche ressource 10)

Objectifs grammaticaux : *to need* + gérondif à sens passif (réactivation); *to have something done* (nouvelle structure); *should / had better* (réactivation).

Champs lexicaux : description des traits de caractère / des émotions; tâches domestiques.

• Exercice 1 : restitution de connaissances lexicales (2,5 pts).

Give synonyms for :

1. *Reasonable*	*(sensible)*
2. *Authoritative*	*(bossy)*
3. *To get angry*	*(to lose one's temper)*
4. *To be angry with someone*	*(to be cross with)*
5. *To sympathize with another person's feelings*	*(to be understanding)*

• Exercice 2 : restitution de connaissances lexicales (2,5 pts).

Name 3 domestic tasks women usually do.
Name 2 domestic tasks men are expected to do.
Then, make sentences with these words.

• Exercices 3 : réactivation de la notion de conseil (2,5 pts).

Look at this picture. What advice could you give these parents? Make 5 sentences.

Image extraite de :
L'anglais en quatrième - Réflexions (p. 191) - CDRP de Lyon.

• Exercice 4 : réactivation de la structure *to need + ing* (2,5 pts).

Several things in this house need attention. Write 5 sentences.

1. *The electric kettle is broken.*
2. *The carpet is dusty.*
3. *The living-room is in a mess.*
4. *The curtains are dirty.*
5. *There is a hole in the roof.*

• Exercice 5 : vérification de l'appropriation de *to have something done* (structure nouvelle) (5 pts).

Answer these questions expressing the idea of having something done.

1. *Why do you go to the dentist's?*
2. *Why do you go to the hairdresser's?*
3. *Why do you go to optician's?*
4. *Why do you go to the cleaner's?*
5. *Why do you go to the garage?*

• Exercice 6 : expression libérée (5 pts).

Write a dialogue. You are on holiday but you must have so many things done, that you can't go out with your best friend and you are furious. He / she gives you a few advice.

Sélectionner des activités, des supports et des outils

Fiche guide 21

Choisir un manuel

Le manuel est indispensable pour l'élève comme référence et source d'information; pour l'enseignant comme base pour établir une progression, fournir des supports et assurer l'harmonisation et la continuité au sein de l'établissement. Voici quelques critères de choix fondamentaux. Il est recommandé de comparer plusieurs manuels à partir de ces critères d'appréciation.

Les contenus

• Textes.

Conformité aux programmes et instructions officielles.

Variété des documents et des situations proposées.

Richesse du potentiel : linguistique, thématique, culturel, méthodologique.

Degré d'accessibilité : documents adaptés, didactisés, authentiques.

Adéquation de la langue aux situations présentées.

Choix des titres.

Absence d'erreurs.

• Iconographie.

Qualité graphique : clarté, valeur esthétique.

Adéquation entre l'image et le texte.

Caractère incitatif à l'expression : adaptation à l'âge des apprenants, taux de polysémie.

Authenticité : valeur culturelle

• Matériel complémentaire.

Enregistrements : qualité sonore, authenticité (registres de langue, accents, situations culturellement connotées).

Rôle du cahier d'activités.

Richesse du livre du maître.

Outils complémentaires : flashcards, documents iconographiques, sonores, vidéo.

• Activités linguistiques.

Clarté des consignes.

Authenticité de la formulation.

Contextualisation des exercices.

Pertinence (ciblage d'un objectif précis).

Variété des exercices : équilibre entre travail en classe et travail à la maison; travail individuel et travail collectif.

Logique de la progression proposée (allant du repérage à la production guidée et à la production libérée).

• Repères culturels.

Exhaustivité : institutions, histoire, géographie, vie quotidienne, arts.

Présentation : coordination d'acquis antérieurs et d'apports nouveaux, présentation contrastée et nuancée d'un même thème, dépassement des stéréotypes, possibilité d'exploitation des supports fournis.

Vision positive et attrayante du pays anglophone présenté.

Intégration de l'apport culturel dans la progression linguistique.

L'orientation pédagogique

- Organisation de l'apprentissage autour des trois axes principaux : linguistique, culturel et méthodologique.
- Conception de la communication (centrée sur l'apprenant et non sur l'enseignant dispensateur de savoir).
- Développement de l'autonomie : type d'activités, instruments de guidage (en classe et hors de la classe).
- Aides fournies : à l'élève, à l'enseignant.

FICHE GUIDE 22

LIRE UN ARTICLE DE PRESSE
ENCOURAGER L'AUTONOMIE DES ÉLÈVES

J'ai lu cet article en anglais :
Titre : ....
Sous titre : ....
Source (journal / magazine, pays, date) ....
Le thème : ....
Les idées / l'opinion du journaliste : ....
....
Les faits / les arguments :
–
–
–
–
–
La conclusion : ....
....
Comment j'ai inféré le sens de mots et d'expressions inconnus :
Mots ou expressions : aide fournie par le contexte :
–
–
–
Les précisions que j'ai trouvées dans le dictionnaire :
Mots ou expressions : ....
Définitions : ....
Mon point de vue sur ce problème : ....

FICHE GUIDE 23

L'UTILISATION D'UNE IMAGE FIXE

Critères de choix

- Authenticité (objectif culturel).
- Richesse du contenu (objectifs linguistiques et sémantiques).
- Taux de polysémie (entraînement à l'expression autonome et à l'argumentation).

Mise en œuvre

- Identification du document : nature; origine; date (éventuellement).
- Description axée sur les détails signifiants : lieu; temps; cadrage; atmosphère; objets; personnages (statuts, relations, motivations...); action(s).

Objectif : déboucher sur la découverte du sens explicite

- Interprétation : intérêt (informatif, culturel, psychologique, esthétique...); contexte (historique, géographique, politique, socioculturel...); cible; but; stéréotypes véhiculés par le document; symboles, mythes sous-entendus.

Objectif : aller de l'explicite vers l'implicite.

- Appréciation personnelle : émotions, sentiments; préoccupations; comparaisons; doutes; jugement critique.

Objectif : expression autonome, intercommunication et argumentation.

- Exploitations ultérieures possibles : invention d'une légende; composition d'un monologue; élaboration et dramatisation d'un dialogue; mise en place d'un débat.

Aides lexicales

- Identification du document : *a picture, a drawing, a photograph, a poster, a slide, a painting, a cartoon, an advertisement.*
- Description.

1. Sens explicite : *The picture deals with, tells us about, is about, describes, depicts...*

2. Cadrage : *Framing, a close up, a low angle, a high angle; in the background / middleground / foreground; on the right, on the left, in the left-hand corner, in the right-hand corner, in the middle, in the centre, on top of, between, next to, opposite, in front of.*

- Interprétation : *To be bound to / likely to / obvious; To convey an impression, to rely on, to symbolize, to remind of, to represent / stand for; The aim / target / goal / purpose.*

• Appréciation personnelle.

Expression de l'opinion : *To my mind, in my opinion, I think, I believe, I guess, I assume, I reckon, as far as I am concerned, I wonder whether, if I were (him, her...).*

Expression de l'accord et du désaccord : *I agree / disagree with. I share / don't share your views. You are right / wrong. I approve of / object to. It convinces / doesn't convince me.*

Articulation du discours :

First, secondly, next, lastly.
Besides, moreover, furthermore.
That's the reason why / that's why.
That is to say, for instance.
In the same way, likewise.
On the contrary / unlike.
Because of / owing to / on account of / thanks to.
Therefore / so / thus / as a consequence.
Although / though / however / yet / nevertheless.
Actually / indeed.

FICHE GUIDE 24

INTÉGRER LES NOUVELLES TECHNOLOGIES

Laboratoires de langues et outils informatiques (logiciels puis CD-Rom et CDI) ont fait leur entrée dans les établissements scolaires. Loin d'être des gadgets ou des supports destinés à se distraire en fin de trimestre, ce sont des ressources non négligeables pour compléter l'enseignement «classique». Voici quelques modalités possibles d'intégration de ces supports dans la programmation des activités d'apprentissage.

Programmation 1

- Vérification des acquis linguistiques antérieurs.
- Activité de transfert en laboratoire ou sur ordinateur.
- Vérification en classe : analyse du phénomène linguistique et conceptualisation.

Exemple : emploi des deux présents : révision des conjugaisons / activité informatique / formulation collective de la règle d'emploi de chacun des temps.

Programmation 2

- Projet linguistique complet en cours.
- Activité de laboratoire ou d'informatique : renforcement.
- Évaluation.

Exemple : la prononciation du *-ed* final au passé : cours (voir fiche ressource 3) / séance de laboratoire / évaluation : écoute d'un document sonore avec repérage et classement des sonorités.

Programmation 3

- Projet complet en cours.
- Test d'évaluation.
- Remédiation ou approfondissement avec support technologique.

Exemple : projet fonctionnel : l'expression du conseil. Cours / contrôle écrit / activité de remédiation : activités ludiques sur ordinateur; activité d'approfondissement : création d'un texte destiné à donner des conseil dans une situation difficile à partir d'un logiciel de traitement de texte avec aide à la production écrite.

Programmation 4

- Va et vient différencié par groupes, selon les besoins : aide du professeur en classe / accès aux outils informatiques.

Exemple : situation de communication : réserver une chambre dans un hôtel.

En classe : fiches d'aide lexicale et d'aide à la formulation / aide du professeur.

Au laboratoire (ou sur CD-Rom / CDI) : écoute d'un document sonore présentant un dialogue ou une scène sur ce thème.

Sur ordinateur : activités de reformulation.

Aboutissement : mise en scène de saynètes.

FICHE GUIDE 25

EXPLOITATION D'UN SUPPORT VIDÉO

SPÉCIFICITÉ DE L'OUTIL

Why use video?

- Du point de vue de l'enseignant (exploitation pédagogique), l'atout de l'outil vidéo réside dans sa capacité à présenter simultanément tous les aspects de la communication : le « verbal » (son), le « non-verbal » (image) et le « contextuel » (décor, environnement visuel et sonore...). La vidéo possède à la fois une fonction illustrative et une fonction de déclencheur. Les manipulations techniques (avance rapide, retour en arrière, arrêt sur image, utilisation dissociée de l'image et du son) permettent une grande souplesse d'exploitation.
- Du point de vue de l'élève, l'outil vidéo favorise la motivation par sa proximité au monde médiatisé dans lequel l'élève vit et l'évasion qu'il propose par rapport à la classe. Il accentue la crédibilité en montrant que la langue et la culture ne sont pas des objets d'étude mais une réalité.

Which videos?

- Les outils pédagogiques (construits pour l'apprentissage scolaire) : ils sont surtout utiles à la présentation de la langue en contexte.
- Les films en VO : ils favorisent la découverte simultanée de la culture, de la langue authentique et de l'expression artistique.
- Les émissions télévisées : elles présentent des sujets d'actualité, proches du monde des élèves.

TYPOLOGIE D'ACTIVITÉS

Before watching (activités préparatoires)

- Présentation des éléments linguistiques (élucidation du vocabulaire et des structures).

Exemple : avant de visionner un débat télévisé, présenter les tournures correspondant au thème débattu mais aussi à l'expression d'une opinion, de la contradiction, de l'accord et du désaccord, de la persuasion, de l'indignation, etc.

- Mise en contexte (Qui? Quoi? Où? Quand? Pourquoi? Comment?).

Exemple : avant de visionner un film, situer l'action, les personnages, les lieux.

- Anticipation.

Exemple : à partir du titre, faire deviner le contenu.

While watching (activités accompagnant le visionnement)

- Repérage : relevé d'éléments linguistiques connus ou d'éléments du contexte (personnages, lieux, dates...).

Exemple : recherche d'indices concernant le thème ou les personnages.

• Compréhension : questionnaires type QCM ou vrai / faux, *gap-filling,* remise en ordre d'énoncés, etc.

Exemple : sequencing : numéroter des images ou des phrases selon la chronologie des événements présentés.

• Prédiction : élaboration d'hypothèses sur ce qui va suivre ou sur le dénouement.

Exemple : Who's going to win? (sport) / Who do you think is guilty? (detective story).

• Focalisation (sur une image, un plan, une scène...).

Exemple : à partir d'un gros plan sur un personnage, le décrire et imaginer ce qu'il pense ou ressent.

After watching (activités de prolongement)

• Reformulation (résumé, questionnement, mise en commun d'informations).

Exemple : la classe a été divisée en deux groupes : l'un est placé face au téléviseur, l'autre derrière l'appareil. Les élèves qui n'ont pas vu les images interrogent les membres de l'autre groupe pour compléter leurs lacunes.

• Élargissement (linguistique, thématique, culturel).

Exemple : role playing : improviser une scène proche de celle qui est présentée.

• Transfert (utilisation des acquis dans un autre contexte ou une autre situation).

Exemple : après avoir regardé un bulletin d'informations, lire un article de journal relatant le même événement.

AIDES LEXICALES

• Identification du document : *a film, a cartoon, a documentary (film), a report.*

• Types de films : *a short film, a full length film, a western, a thriller, a horror film, a detective story.*

• Technique cinématographique : *to shoot, the shootings, the dubbing, a slow fade, a close-up, a panning, a travelling, slow motion, speeded up sequences, special effects.*

• Les métiers du cinéma : *an actor, an actress, the casting, a cameraman, a designer, a cutter, a director, a scenario writer, the extras.*

Une séance de cinéma
Sense and Sensibility (d'après le roman de Jane Austen)

ACTIVITÉS PRÉPARATOIRES

Recherche guidée au CDI

• *Jane Austen* et son œuvre.

Outils : encyclopédie et questionnaire à compléter.

1. *When was Jane Austen born? Give the year and the century. (1775-18 th century).*

2. *Where was she born? (Steventon : a village in Hampshire).*

3. *When did she die? Give the year and the century (1817-19 th century).*

4. *What was her father? (a rector = a priest).*

5. *How many brothers and sisters had she got? (six, she was the youngest of seven children).*

6. *Where did she live throughout her life? (Steventon, Bath, winchester).*

7. *Name her six great novels : Sense and Sensibility, 1811; Pride and Prejudice, 1813; Mansfield Park, 1814; Emma, 1815; Persuasion, 1818 (published after her death); Northanger Abbey, 1818.*

8. *What did she depict? (The manners of the rural gentry. She created what was called the « domestic novel »).*

9. *Find two substantives to characterize her style. (minuteness, delicacy).*

• Situation de l'action.

Outils : Atlas et manuel de géographie.

Faire dessiner ou décalquer les contours de la carte de Grande-Bretagne et placer les villes de Plymouth, Bath, Winchester et London ainsi que les comtés de Hampshire, Kent, Devon.

• Extension culturelle.

Say what you know about : Bath (Roman Baths); Plymouth (a harbour for warships); Winchester (King Arthur, The Round Table).

London (monuments...).

Travail à la maison : recherche lexicale

Outils : répertoire, lexique du manuel et dictionnaire.

Complete this chart with as many words as possible.

Weather	
Countryside	
Physical portrait	
Moral portrait	
Entertainments	
Giving opinion	

Première séance

- Mise en commun.
- Projection de diapositives sur Bath, Winchester, Londres et les paysages du Sud-Ouest de l'Angleterre.
- Distribution d'un document polycopié où l'on aura retenu le lexique nécessaire au commentaire du film et ajouté en particulier le vocabulaire relatif au mode de vie de la noblesse terrienne.

Weather	*Foggy, misty, wet, rainy, changing, unpredictable, to rain heavily, to pour, to rain cats and dogs*
Countryside	*Hilly, undulating, green, wild, peaceful, romantic*
Physical portrait	*Tall, short, fat, young, old, elderly, handsome, pretty, attractive, charming, good-looking, severe-looking, unsmiling, beaming*
Moral portrait	*Sensible, reasonable, sensitive, gentle, quiet, reserved, shy, awkward, cheeky, nosy, inquisitive, diplomatic, artistic, lively, passionate, vivacious, cheerful, truculent, kind, generous, selfish, miserly, weak, cowardly, strong*
Way of life *Entertainments* *Preoccupations*	*Genteel, sophisticated, futile,* *Balls, garden parties, shooting, hunting,* *Love, marriage, inheritance*
Giving opinion	*To my mind, in my opinion, as far as I am concerned, I think, I believe, I guess, I reckon, it seems to me that…*

Deuxième Séance

- Commentaire d'un court extrait du roman.

Troisième séance

- Séance de cinéma

Quatrième séance

• Évaluation non notée.

Objectifs : être capable de faire une synthèse; réactiver les divers champs lexicaux; être capable de porter un jugement personnel et de le justifier.

Support : fiche à compléter.

1. *What sort of film is it? (A love story).*

2. *What is it about? (The tribulations of a widow and her three daughters).*

3. *Where does it take place? Name one town and 2 regions (Plymouth, Devon and Kent). What are these regions like? (green, hilly).*

4. *When does it take place? (In the early 19 th century).*

5. *What do you remember about the following characters?*

Mrs. Dashwood *(A widow, nice and gentle, a loving mother).*

Elinor *(A charming, reasonable, diplomatic young woman in love with Edward Ferrers).*

Marianne *(Extremely pretty, passionate, artistic, in love with Willoughby).*

Margaret *(A lively girl of 12, cheeky but charming, fond of geography).*

Sir John *(Fat, truculent, sympathetic : offers his cottage to his homeless cousin : Mrs. Dashwood).*

Mrs. Jennings *(Sir John's mother-in-law. Nosy, but cheerful and generous. Her main preoccupation seems to be match-making).*

Edward Ferrers *(Sensitive, well-educated he is also shy and awkward though he is quite handsome. First engaged to Lucy, he falls in love with Elinor and marries her)*

Robert Ferrers *(Not very attractive, but nice and cheerful. He marries Lucy in the end).*

Lady Middleton *(Edward's sister. Selfish and miserly).*

Lady Middleton's husband *(A weak and cowardly character, manipulated by his wife).*

Colonel Brandon *(Sir John's neighbour, in love with Marianne, reserved, attractive, a great sense of honour).*

Willoughby *(Very handsome and gallant. Though he sincerely loves Marianne he marries another woman for money).*

6. *Which character did you prefer? Justify your answer.*

7. *What would you say to describe their way of life? (Genteel, sophisticated, futile, different from what we experience in modern times).*

8. *What do you think is more important : Sense or Sensibility? Justify your answer.*

LE GUIDAGE : RÔLE ESSENTIEL DU PROFESSEUR

FICHE GUIDE 26

LES ACTIVITÉS PRÉPARATOIRES

Présentation rapide du sujet par le professeur.

Situation de l'action à l'aide de cartes, de plans, de schémas.

Introduction préalable du lexique indispensable.

Anticipation sur le contenu du document.

- Formulation d'hypothèses à partir : d'une image d'accompagnement; du titre (à condition que ce dernier soit suffisamment explicite); d'une phrase clé; d'un mot clé; de l'introduction et de la conclusion; de la légende d'un dessin; d'une séquence vidéo; de sons.
- *Brainstorming* à partir : d'un mot; du thème.
- Jeu de Kim.

Quelques mots signifiants extraits du document sont notés au tableau et effacés au bout de quelques secondes. Les élèves ont alors pour tâche d'en retrouver le plus grand nombre possible, et d'anticiper sur le contenu du texte.

Recherche guidée, pour combler des lacunes culturelles

- Préciser le lieu (par exemple le CDI).
- Indiquer les ouvrages de référence.

Fournir éventuellement un questionnaire à compléter.

Constitution d'un dossier, sur le thème qui sera abordé ultérieurement

- Différents groupes peuvent se répartir le travail (compilation d'articles de journaux ou de magazines, lecture d'encyclopédies, de manuels d'histoire, recherche de documents iconographiques, de publicités, de films...).

FICHE GUIDE 27

LES AIDES POSSIBLES

Créer des conditions matérielles et psychologiques favorisantes

- Aménagement de l'espace : tables disposées en U afin de susciter une communication plus spontanée et authentique ne passant pas obligatoirement par le professeur.
- Conditions d'écoute correctes : matériel de bonne qualité; son convenablement réglé; source sonore dirigée vers les élèves.
- Qualité visuelle des documents : images, dessins, schémas doivent être parfaitement visibles du fond de la classe. Focalisation éventuelle sur un point particulier (en utilisant une flèche, des couleurs...).
- Instauration d'un climat de confiance : sécuriser la classe; encourager l'expression; dédramatiser l'erreur.

Rendre les outils de base accessibles

- Apprendre à utiliser les ressources du manuel; chercher dans un dictionnaire.

Choisir des supports adaptés

- *Flashcards*, dessins : illustration concrète d'un mot inconnu.
- Tableau de feutre : moyen économique de poser rapidement une situation.
- Rétroprojecteur : aide à la concentration en focalisant l'attention de tous sur un même point; fractionnement possible de la difficulté, par le biais d'une découverte progressive du document.
- Grille de compréhension : facilite le repérage des éléments factuels essentiels; réduit les problèmes de mémorisation; vise à inculquer une méthode d'analyse.
- Marionnettes à doigts : investissement personnel par le truchement d'un personnage fictif (permet de lever certains blocages d'origine psychologique).
- *Role cards, cue cards :* aide à l'élaboration d'un dialogue, en suggérant aux élèves qui ils sont ou ce qu'ils ont à dire.
- Logiciels : présentation ludique de certaines activités pédagogiques, jugées rébarbatives par les élèves.
- Tableau : synthèse des points importants de la séance. Le classement par rubriques favorise la visualisation ainsi que la mémorisation.

Aider à acquérir des savoirs indispensables

- Donner les moyens langagiers de base : *classroom English*; articulation du discours, mots de liaison; fonctions et structures les plus récurrentes.

Aider à acquérir des savoir-faire

- Donner des méthodes pour : mémoriser une leçon; lire un énoncé; gérer un cahier de textes; prendre des notes; exploiter une correction de devoir.
- Amener l'élève à réfléchir sur : son « profil pédagogique[1] » (visuel, auditif, mixte); ses méthodes d'apprentissage (prise de conscience, analyse); la nature de ses difficultés.
- Proposer ensuite un guidage sous forme de paliers successifs : lacunes de base, objectifs à atteindre, moyens dont on dispose pour y parvenir.
- Initier l'élève à : la construction de sens à partir d'indices (inférence); la technique de l'analyse (identification, description, interprétation); l'intercommunication (exprimer une idée, écouter l'interlocuteur, répondre).

En se basant sur la connaissance des processus d'apprentissage, mettre en place une stratégie centrée sur l'élève

- Partir du connu pour introduire l'inconnu, en prenant soin de réactiver les acquis antérieurs (reformulation-réemplois).
- Respecter une progression logique qui veut que l'on comprenne avant que l'on produise, que l'on parte du plus simple pour arriver au plus complexe, que des tâches guidées conduisent progressivement à un travail libéré.
- Alterner les temps forts et les temps faibles du cours, ménager des temps de pause permettant l'intégration des apports nouveaux.
- Proposer des activités destinées aux visuels et aux auditifs.
- Faire preuve de clarté : annoncer les objectifs à atteindre; donner des consignes précises; détailler les corrections de devoir et les assortir de conseils adaptés au cas de chacun.
- Varier les techniques d'aides ponctuelles.

Guider par un questionnement maîtrisé et non systématique (apport d'informations, aide au commentaire).

Didactiser un document pour en faciliter l'approche : notes, numérotation de paragraphes, suppression de passages non nécessaires à la compréhension.

Contextualiser l'apprentissage : favoriser certaines activités libératrices comme le mime ou le jeu, ou recourir au système du tutorat : les élèves capables sont associés à des élèves en difficulté (*pairwork*, travail par groupes).

Adopter dans certains cas une approche différenciée (un même texte peut faire l'objet d'aides plus ou moins importantes).

- Renforcer la cohérence d'un thème étudié en travaillant en collaboration avec des professeurs d'autres matières (histoire et géographie, français...).

1. Antoine de La Garanderie.

FICHE RESSOURCE **28**

Présentation du tableau

(cf. fiche ressource 10)

- Premier volet. Grammaire : structure nouvelle. Date :

> *He'll have his hair cut*
> *He must have his teeth checked*
> *Did he have his teeth cheked?*
> *He didn't have his teeth checked yet.*
>
> *To have* + complément + participe passé

- Deuxième volet. Vocabulaire : élucidation du script.

[a :] *a term*	*A term is composed of three months*
[ɔ i] *an appointment*	*Before going to the dentist's I make an appointment*
to suit	*Blue suits me (I look particularly pretty)*
[ai] *twice*	*I play tennis twice a week : on Wednesdays and Saturdays*
[ei] *a tootache*	*= a pain in a tooth*

- Troisième volet. Besoins langagiers éventuels des élèves tout au long de la séance.

> *The generation gap, to argue, to be cross (with)*
> *A sound tooth, to prevent, to fill a tooth*
> *Wise, sensible, relevant*
> *Understanding, indulgent, sympathetic*
> *Bossy, churlish, to be in a good / bad mood*
> *To disobey someone, he should / shouldn't do that.*

FICHE RESSOURCE **29** **CINQUIÈME**

Fiche grammaticale à joindre au dossier fonctionnel de l'élève : Superlatif de supériorité des adjectifs courts

Sens du superlatif de supériorité

- Il indique la supériorité d'un élément ou d'une personne par rapport à tout un groupe.

Définition d'un adjectif court

- Adjectif d'une syllabe.
- Adjectif de deux syllabes, terminé par *y.*

Remarque : certains adjectifs courts (*drunk, glad, real, fond of...)* formeront leur superlatif comme des adjectifs longs.

Construction

- *The* + adjectif court auquel on ajoute *est* + *of* (idée de nombre, de quantité), ou *in* (idée de lieu)

Exemple : John is the tallest of the group, ou, in the class.

Modifications orthographiques :

- Si l'adjectif est terminé par un *e* on ajoute simplement la terminaison *st : Nic**e*** = *the nicest.*
- Si le *y* est précédé d'une consonne, il se change en *i* avant que ne soit ajoutée la terminaison *est : Easy* = *the easiest.*
- Les adjectifs d'une syllabe, terminés par une consonne elle-même précédée d'une seule voyelle, doublent la consonne finale quand on les met au superlatif : *Big* = *The biggest.*

Superlatifs irréguliers

- *Good, well = the best.*
- *Bad, badly = the worst.*

Accentuation

- Lorsque ce type d'adjectif est mis au superlatif de supériorité, il est accentué sur la première syllabe.

*Exemple : she is the **ni**cest.*

Fiche grammaticale à joindre au dossier fonctionnel de l'élève : Faire faire quelque chose

• Faire + infinitif à sens passif = faire « subir », faire faire quelque chose par quelqu'un d'autre.

Exemple : she had her breakfast brought (le petit déjeuner « subit » en quelque sorte l'action : il est apporté).

• Construction *To have* ou *to get* + complément + participe passé.

Exemple :

Forme affirmative : *I must have my watch repaired. He had his car serviced. She'll get her hair cut.*

Forme interrogative : *Where* ***did*** *you have your eyes tested?*

Forme négative : *I didn't have my eyes tested yet.*

ENCOURAGER L'AUTONOMIE

Catch the spirit : La lecture en continu

❐ *Pourquoi fait-on lire ?*

La portée pédagogique de la lecture en continu est naturellement mieux perçue par les professeurs qui sont eux-mêmes des lecteurs avides.

L'école, comme le souligne François de Singly dans un des *Dossiers éducation et formation* (janvier 1993), ne s'est pas encore libérée de l'emprise d'une philosophie pédagogique pernicieuse :

– l'approche de textes littéraires (auxquels on assimile volontiers la plupart des œuvres au programme) est la vieille et donc mauvaise méthode traditionnelle, pratique née d'un enseignement de classe. Un tel rejet revient à priver les jeunes issus d'un milieu où l'on ne lit pas d'une initiation guidée à des œuvres capitales et souvent accessibles ;

– l'accent sur l'approche communicative et l'acquisition d'une langue purement utilitaire (*communication with no frills*, selon les mots de Maley and Duff) a fait oublier cette communication essentielle à la classe : le dialogue à partir du texte ou le compte rendu de lecture ;

– la confusion est grande entre étude du texte littéraire, étude d'une œuvre complète et lecture en continu d'une œuvre.

Notre propos concerne bien sûr ce dernier point. Ayons donc confiance dans les capacités des élèves, aidons-les à construire l'autonomie nécessaire à celui qui apprend : tout ne se passe pas seulement dans les limites du cours et tout ne doit pas nécessairement être contrôlé par le professeur pour être profitable.

Les professeurs d'anglais sont de plus en plus nombreux à considérer que la lecture en continu donne une dimension supplémentaire à une discipline menacée par son image scolaire. Voici un aperçu des raisons les plus profondes :

– on fait appel à l'expérience individuelle et aux émotions, ce qui stimule l'investissement personnel et favorise toujours l'apprentissage ;

– faire lire en continu est un moyen intelligent de réinvestir tous les savoir-faire liés à la compréhension écrite ;

– un récit constitue toujours une excellente situation de déficit d'information (*information gap*) et nourrit l'interaction texte / lecteur ou lecteur / lecteur ;

– le tout éclaire souvent le détail ; ceci est également vrai lorsque l'on se penche sur le lien entre forme et sens, sur la situation d'énonciation ;

– la littérature, quel que soit son genre, permet de tout comprendre, bien mieux que le bulletin d'information du soir, trop fugace, laconique ou biaisé.

Cette dernière remarque ouvrirait d'ailleurs une piste intéressante pour choisir des œuvres permettant de percevoir ce qui a marqué l'histoire et la société des pays anglophones.

❐ *Comment fait-on lire ? Pratiques à encourager, difficultés à résoudre*

Faire aimer ce qu'on aime

Enseigner c'est d'abord partager, ouvrir des perspectives, guider sur des sentiers que l'on apprécie. Le professeur qui encourage le mieux ses élèves conçoit cet enseignement comme une invitation. Une relation s'établit, comparable à celle d'amis qui échangent des impressions de lecture.

Résoudre les problèmes de compréhension ne doit pas devenir une fin en soi

La lecture factuelle puis critique du texte devient alors une investigation qui a pour objet de définir des voies d'accès au sens. Les réseaux de correspondance qui sous-tendent le texte intégral doivent être préservés. Il devient alors encore plus nécessaire de promouvoir le recours à l'aide interne, à l'inférence sans appareil extérieur : plus vite on apprendra à se passer de béquilles, de QCM, de questionnaires de type vrai ou faux, de proposition de synonymes ou de notes lexicales, plus vite on développera de vrais réflexes de lecteur. Cela signifie que le matériel d'accompagnement doit s'alléger au fil de la lecture au point de disparaître à terme. Toute procédure doit viser à encourager une attitude dynamique, confiante et surtout curieuse chez le jeune lecteur : anticiper sur l'intrigue, rassembler ce que l'on sait, mettre en relation. Le professeur doit se garder de faire lui-même une lecture monosémique, trop formaliste ou intellectuelle.

L'exploitation de la lecture

Les axes d'observation sont variés : ancrage spatio-temporel (*time versus tense*), la trame narrative, personnages, dialogues, narration et plans de texte, point de vue du narrateur, registres de langue…

Les débats en classe sont beaucoup plus riches et intéressants lorsqu'ils s'appuient sur des personnages ou l'évocation de problèmes sociaux en toile de fond d'un long passage de roman, d'une nouvelle, d'une scène de pièce de théâtre.

Convertir les contraintes en satisfaction personnelle

Dans ce domaine également, on trouve des stratégies ingénieuses pour inciter à la lecture et la faire fructifier : découverte d'œuvres courtes pour appâter, passer de l'audiovisuel (cinéma, théâtre, série TV) au support écrit et inversement.

L'environnement pédagogique doit aussi favoriser la lecture

Il ne suffit pas d'offrir des techniques aux élèves. Il faut les mettre en contact avec des œuvres graduées ou bien ciblées dont la présence dans les CDI et les salles de langue ne doit pas passer inaperçue. De même, les magazines spécialisés inviteront les élèves de tous niveaux à apprendre davantage d'anglais sur des sujets qui les intéressent : l'histoire, les sciences, l'art, les sports anglo-saxons…

FICHE GUIDE 28

L'EXPLOITATION D'UNE NOUVELLE

La lecture d'une œuvre authentique en version intégrale bien choisie ne peut être que bénéfique à des élèves de collège. La lecture en continu favorise le développement des compétences linguistiques (découverte de la langue en contexte), méthodologiques (inférence, repérage, construction du sens) et culturelles. Les nouvelles (*short stories*), qui permettent une entrée dans la littérature à travers un texte concentré, sont des supports particulièrement bien adaptés à l'âge et au niveau linguistique des collégiens.

Un outil pour la compréhension globale : la fiche de lecture

- *Title : ....* *Author : ....* *Theme : ....*
- *The main characters (Who?)*

1. ....
2 ....
3. ....
(...)

- *Complete their identity card : name / age / occupation / nationality / place of residence / physical appearance / psychological portrait...*
- *Time (When?)* *Period : .....* *Date : .....* *Moment of the day...*
- *Setting (Where?)* *Country : ....*
  Town .... *Particular places ....*
- *How the story is organised : ....*

Part 1 :
Part 2 :
Part 3 :
(...)

- *The Punch Line or surprise ending. Key sentences in the story :*

1.
2.
3.

- *How I managed to understand the meaning of unknown words or phrases : using the dictionary (list the words and definitions); using the context (list the words and quote the passage from the text which helped you).*
- *Favourite passage : Would you invite someone to read this story? Why?*

Activités de classe

- Travail sur la langue.

Inférence du sens d'un élément lexical ou grammatical à partir du contexte : recherche d'indices dans ce qui précède et ce qui suit.

Recherche dans le dictionnaire, relevés, classements, etc. (voir fiches guides 7, 8 et 9).

• Compréhension.

Activités de prédiction : *what's going to happen next?*

Recherche d'informations à partir d'un questionnaire, d'un exercice à trous, de phrases à remettre dans l'ordre, etc.

Rédaction d'un résumé.

Activités de recherche individuelle (travail à la maison)

• Réponses à un questionnaire : repérage du lieu, des personnages, de l'action.

Recherche et étude de documents concernant l'auteur, le thème, l'arrière-plan historique ou géographique (élaboration de fiches, de dossiers).

• Lecture et compte rendu d'autres œuvres sur le même thème (lire les ouvrages en version française si nécessaire).

• Compte rendu écrit : fiche de lecture (voir ci-dessus).

• Compte rendu oral : exposé individuel avec l'appui d'un « canevas » :

This story (book) was written by ...
It's about ...
At the beginning ..., then ..., finally ...
I liked it because ...

Exploitation d'un conte
Mr. Gumpy's Outing

Objectif : enrichir ses connaissances lexicales à travers la découverte d'un conte.

Support : *Mr. Gumpy's Outing* (J. Burningham, Picture Puffins).

Contenu narratif : tous les animaux de la ferme veulent embarquer à bord du bateau de Mr. Gumpy et font chavirer l'embarcation, malgré leurs promesses de bien se comporter.

Savoir-faire : compréhension globale; entraînement à la déduction et à l'inférence; capacité de reformulation; capacité de mémorisation.

Présentation

- Description de la couverture du livre : réactivation du vocabulaire (*boat, river,* animaux de la ferme) et prédiction.
- Découverte de l'histoire (première lecture).
- Présentation des verbes d'action (utiliser le mime).
- Vocabulaire de production : *hop, kick, walk, chase, swim, climb.*
- Vocabulaire de reconnaissance : *squabble, muck, flap, trample.*
- Introduction des structures *May I ...? / Can I ...?* (formulation d'une demande de permission).

Fixation

- Jeu de mime : un enfant mime une action; les autres devinent de laquelle il s'agit. (Réutilisation des structures : *What am I doing? / You're...*).
- Deuxième lecture : participation des élèves pour la reprise des noms d'animaux et des verbes d'action.
- Impressions : encourager les élèves à exprimer leurs réactions et réactiver les structures : *I like the story because...* (*it's about animals / it's funny...*); *I don't like it because...* (*it's boring / it's silly...*).

Reformulation

- Mise en scène : attribution des rôles (Mr. Gumpy, les différents animaux, les enfants) et improvisation.
- Entraînement à la prise de parole et à la reproduction phonologique (accentuation et intonation dans les questions en particulier).

Copie dans le cahier

Jeu d'association : recopier la liste des animaux et celle des actions (dans le désordre) et relier chaque nom d'animal à l'action correspondante.

Travail à la maison

Rédaction : choisir deux animaux n'apparaissant pas dans l'histoire et rédiger pour chacun le texte correspondant (éventuellement, illustrer) : demande de permission : *May I...? / Can I...?* ; réponse restrictive : *Yes, but... / Yes, if...*

Programmation d'activités à partir d'une nouvelle The Umbrella Man

Objectif : lecture d'une nouvelle intégrale en continu.

Support : *The Umbrella Man in More Tales of the Unexpected* / R. Dahl[1], 1980.

Activités préparatoires (travail à la maison donné deux semaines auparavant) : recherche documentaire (biographie et bibliographie de Roald Dahl); lecture de la nouvelle.

Séance 1 : présentation

- Compte rendu des recherches.
- *First impressions : what did you think of the story?*
- Élaboration collective d'une fiche de lecture adaptée à partir de la fiche type.
- Travail à la maison : compléter la fiche.

Séance 2 : compréhension globale

- Fiche de lecture : correction et approfondissement.
- Portrait psychologique des trois personnages : relevé de passages significatifs pour chaque personnage (par groupes) puis échange d'information par questionnement mutuel entre les groupes.
- Travail à la maison : remplir un tableau des personnages.

	Mother	***Daughter***	***Umbrella man***
Age			
Physical appearance			
Psychological portrait			
Function in the story			

Séance 3 : réflexion sur la langue (lexicale et grammaticale)

- *Brainstorming* autour du mot *rain.*
- Relevé des expressions verbales du texte relevant de ce champ lexical.

> *It had started to rain.*
> *It was raining quite hard.*
> *We're getting soaked to the skin.*

1. Disponible, par exemple, dans la coll. « Premières lectures en anglais », Livre de poche.

> *Keep the rain off your shoulders.*
> *The rain was pelting down harder than ever.*
> *I could see it dripping.*
> *The big raindrops were making a loud noise on our umbrella.*

- Révision des conjugaisons et de l'emploi des temps à partir du relevé. (Autres éléments grammaticaux pouvant faire l'objet d'une analyse grammaticale basée sur la nouvelle : les comparatifs, les modaux).

Séance 4 : étude d'une fonction de communication : l'expression du souhait

- Relevé des énoncés exprimant un souhait dans le texte.

> *I wish we had a car with a chauffeur.*
> *If only you would give me in return a pound for my taxi-fare.*
> *Oh, I wish I could.*

- Reformulation.

Autres tournures permettant d'exprimer le souhait : *I wish I had a car = I'd like to have a car = I'm just dreaming of having a car! = It'd be great to have a car!*

- Production orale : *What could the umbrella man wish? (If only it rained every day / I wish I could afford another glass of beer,* etc.).
- Travail à la maison : les souhaits de la narratrice, rédiger quatre phrases utilisant une structure différente. Autres fonctions langagières pouvant faire l'objet d'une exploitation similaire à partir de la nouvelle : la suggestion, la requête.

Séance 5 : approfondissement culturel : les pubs

- Étude du passage correspondant dans le texte.
- Élargissement à partir de supports visuels : enseignes, vues extérieures et intérieures, réglementations, coutumes (jeu de fléchettes, etc.).
- Mise en scène : *at the pub.*

Réactivation notionnelle et lexicale : vocabulaire spécifique (*bar / barman / barmaid / waiter / waitress / customer*); la boisson (*glass / tumbler / alcoholic drinks / soft drinks / (sober, drunk*) / l'argent (*pound / pound note / change...*) / la quantité.

Réactivation fonctionnelle : présentations, requêtes.

Prolongement : lecture d'autres œuvres de Roald Dahl (collaboration possible du professeur de français).

Séance 6 : évaluation

- Activité 1. Compétence testée : connaissances lexicales et compréhension orale. Audition d'un bulletin météorologique correspondant à un jour de pluie.

Consigne : compléter une carte des Iles britanniques en plaçant un symbole météorologique sur la région appropriée.

- Activité 2. Compétence testée : inférence lexicale par le contexte. Quel est le sens des expressions suivantes dans le texte?

I've got myself into a bit of a scrape :

a. J'ai un petit problème.
b. Je me suis égratigné.
c. Je suis tombé dans un piège.

Not in a million years

a. plus jamais ça!
b. jamais de la vie!
c. ne revenez jamais!

He's up to something

a. Il prépare quelque chose.
b. Il s'est levé pour aller chercher quelque chose.
c. Quelque chose ne va pas.

He's got the nerve!

a. Quel grand nerveux!
b. Il me porte sur les nerfs!
c. Il a du culot!

• Activité 3. Compétences testées : compréhension et expression écrite.
La jeune narratrice écrit à une amie pour lui raconter son aventure.

Découvrir un texte littéraire :
A dinner at Barton Park (Sense and Sensibility)

Barton Park was about half a mile from the cottage. The ladies had passed near it in their way along the valley, but it was screened from their view at home by the projection of a hill. The house was large and handsome; and the Middletons lived in a style of equal hospitality and elegance. The former was for Sir John's gratification; the latter for that of his lady. They were scarcely ever without some friends staying with them in the house, and they kept more company of every kind than any other family in the neighbourhood. It was necessary to the happiness of both; for however dissimilar in temper and outward behaviour, they strongly resembled each other in the total want of talent and taste which confined their employments, unconnected with such as society produced, within a very narrow compass. Sir John was a sportsman; Lady Middleton, a mother. He hunted and she humoured her children; and these were their only resources. Lady Middleton had the advantage of being able to spoil her children all the year round, while Sir John's independent employments were in existence only half the time. Continual engagements at home and abroad, however, supplied all the deficiencies of nature and education — supported the good spirits of Sir John, and gave exercise to the good breeding of his wife.

Lady Middleton piqued herself upon the elegance of her table and of all her domestic arrangements; and this kind of vanity was her greatest enjoyment in any of their parties. But Sir John's satisfaction in society was much more real; he delighted in collecting about him more young people than his house would hold, and the noisier they were the better was he pleased. He was a blessing to all the juvenile part of the neighbourhood, for in summer he was for ever forming parties to eat cold ham and chicken out of doors, and in winter his private balls were numerous enough for any young lady who was not suffering under the insatiable appetite of fifteen.

The arrival of a new family in the country was always a matter of joy to him, and in every point of view he was charmed with the inhabitants he had now procured for his cottage of Barton. The Misses Dashwood were young, pretty and unaffected. It was enough to secure his good opinion : for to be unaffected was all that a pretty girl could want to make her mind as captivating as her person. The friendliness of his disposition made him happy in accommodating those whose situation might be considered, in comparison with the past, as unfortunate. In showing kindness to this cousins. therefore, he had the real satisfaction of a good heart; and in settling a family of females only in his cottage, he had all the satisfaction of a sportsman; for a sportsman, though he esteems only these of his own sex who are sportsmen likewise, n not often desirous of encouraging their taste by admitting them to a residence within his own manor.

Mrs. Dashwood and her daughters were met at the door of the house by Sir John, who welcomed them to Barton Park with unaffected sincerity, and as he attended them to the drawingroom repeated to the young ladies the concern which the same subject had drawn from him the day before, at being unable to get any smart young man to meet them. They would see, he said, only one gentleman there besides himself; a particular friend who was staying at the Park, but who was neither very young not very gay. He hoped they would all excuse the smallness of the party, and could assure them it should never happen so again. He had been to several families that morning, in hopes of procuring some addition to their number: but it was moonlight, and everybody was full of engagements. Luckily, Lady Middleton's mother had arrived at Barton within the last hour, and as she was a very cheerful, agreeable woman, he hoped the young ladies would not find it so very dull as they might imagine. The young ladies, as well as their mother, were perfectly satisfied with having two entire strangers of the party, and wished for no more.

Mrs. Jennings, Lady Middleton's mother, was a good humoured, merry, fat, elderly woman, who talked a great deal, seemed very happy, and rather vulgar. She was full of jokes and laughter, and before dinner was over had said many witty things on the subject of loves and husbands; hoped they had not left their hearts behind them in Sussex, and pretended to see them blush, whether they did or not.

Colonel Brandon, the friend of Sir John, seemed no more adapted by resemblance of manner to be his friend than Lady Middleton was to be his wife, or Mrs. Jennings to be Lady Middleton's mother. He was silent and grave. His appearance, however, was not unpleasing, in spite of his being, in the opinion of Marianne and Margaret, an absolute old bachelor, for he was on the wrong side of five-and-thirty : but though his face was not handsome, his countenance was sensible, and his address was particularly gentlemanlike.

There was nothing in any of the party which could recommend them as companions to the Dashwoods; but the cold insipidity of Lady Middleton was so particularly repulsive, that in comparison of it the gravity of Colonel Brandon, and even the boisterous mirth of Sir John and his mother-in-law, was interesting. Lady Middleton seemed to be roused to enjoyment only by the entrance of her four noisy children after dinner, who pulled her about, tore her clothes, and put an end to every kind of discourse except what related to themselves.

In the evening, as Marianne was discovered to be musical, she was invited to play. The instrument was unlocked, everybody prepared to be charmed, and Marianne, who sang very well, at their request went through the chief of the songs which Lady Middleton had brought into the familly on her marriage, and which perhaps had lain ever since in the same position on the piano-forte; for her ladyship had celebrated that event by giving up music, although by her mother's account she had played extremely well, and by her own was extremely fond of it.

Marianne's performance was highly applauded. Sir John was loud in his admiration at the end of every song, and as loud in his conversation with the others while every song lasted. Lady Middleton frequently called him to order, wondered how any one's attention could be diverted from music for a moment, and asked Marianne to sing a particular song which Marianne had just finished. Colonel Brandon alone, of all the party, heard her without being in raptures. He paid her only the compliment of attention; and she felt a respect for him on the occasion which the others had reasonably forfeited by their shameless want of taste.

Compréhension générale

1. *Give the title of the novel this passage is taken from. (Sense and Sensibility).*
2. *What is the writer's name? (Jane Austen).*
3. *What is her nationality? (English).*
4. *Where does the scene take place? (At Barton Park, Sir John's manor).*
5. *What is it about? (A dinner at the Middletons').*
6. *Why is it an important passage? (We are introduced to most of the main characters).*

Compréhension détaillée

- *Relationship between the characters. Read the text and find out the links between Sir John and the other characters.*

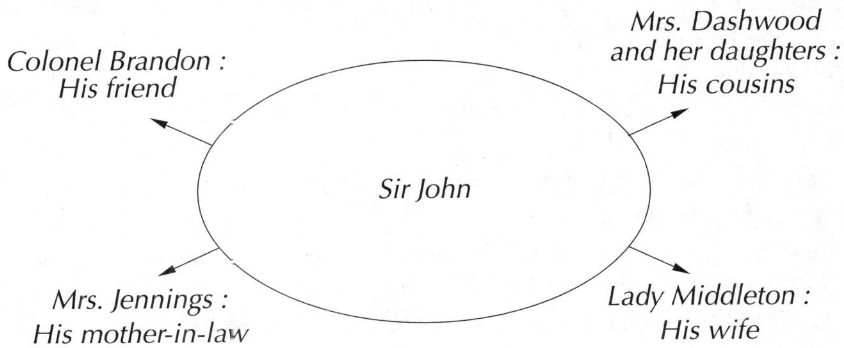

- *The characters' portraits and preoccupations. Fill in the grid. Quote from the text when possible.*

	Sir John	**Lady Middleton**	**Mrs. Jennings**	**Colonel Brandon**	**Marianne**
Physical appearance			*Fat, elderly*	*Over 35 (on the wrong side of five and thirty) not unpleasing gentlemanlike*	*Young pretty*
Moral portrait	*Friendly-kind a good heart sincere unaffected cheerful a total want of talent and taste*	*Well-bred Total want of talent and taste*	*Talkative (talked a great deal) cheerful agreeable good-humoured merry vulgar*	*Silent Grave Sensible*	*Unaffected*

	Sir John	Lady Middleton	Mrs. Jennings	Colonel Brandon	Marianne
Entertainments preoccupations	*Hunting* *Balls* *Garden-parties*	*She is a mother* *She piqued herself upon the elegance of her table, and of all domestic arrangements*	*Love and marriage (she said many witty things on the subject of lovers and husbands)*		*Loves music and sings very well (she was discovered to be musical)*

- *Which characters are similar in temper and behaviour? Justify your answer : Mrs. Jennings - Sir John (friendly-cheerful-sociable); Marianne - Colonel Brandon (feel respect for each other).*
- *The way of life.*

Pick out details which characterize the characters' way of life, and underline the important words.

They lived in a ***style*** *of equal* ***hospitality*** *and* ***elegance*** (ligne 5).

Continual ***engagements*** *at home…* (ligne 19).

In summer he was for ever forming ***parties*** *to eat cold ham and chicken* ***out of doors*** *and in winter his private* ***balls*** *were numerous* (lignes 30-31).

It was moonlight, and everybody was full of ***engagements*** (lignes 60-61).

- *Working out the meaning of words.*

Find out the words corresponding to the following definitions :

> *To chase animals either for food or sport (ligne 14) (to hunt).*
> *To please someone by doing as he wishes (ligne 15) (to humour).*
> *To find a place (here a cottage) for… (ligne 41) (to accomodate).*
> *A man who is not married (ligne 80) (a bachelor).*
> *One's husband or wife's mother (ligne 88) (a mother-in-law).*

Find one antonym for each of the following words.

> *Handsome (ugly).*
> *Narrow (wide).*
> *Unfortunate (fortunate = lucky).*
> *Merry (sad).*
> *Loud (low).*

• *Rephrasing sentences.*

Complete the prompts so as to rephrase the following sentences.

> *His face was not handsome but he was not unpleasing.*
> *Though....*
> *Marianne was musical, so she was invited to play the piano.*
> *As...*
> *She had given up music. She played very well.*
> *Although...*
> *He showed kindness to his cousins, so he had the real satisfaction of a good heart.*
> *In showing...*

Appréciation personnelle

• *Did you enjoy this passage? Why or why not? (about 50 words).*

FICHE RESSOURCE **34**

CYCLE CENTRAL
QUATRIÈME

Bilan : mise en œuvre intégrale d'une séance

> *« Can you drive an automobile? » the Indian said.*
>
> *« I can drive anything » I said.*
>
> *« Have you ever driven an automobile? » he said.*
>
> *« Not yet » I said. « So far I haven't had any automobile to drive, and it's against my family religion to steal an automobile ».*
>
> *« Do you mean to tell me you believe you could get into an automobile and start driving? » he said.*
>
> *« That's right! » I said.*
>
> *« All right » he said. « Indians are born with an instinct for riding, rowing, hunting, fishing and swimming. Americans are born with an instinct for fooling round with machines. You're fourteen years old and already you know you'll be able to drive an automobile the minute you get into one ».*
>
> *« Driving a car is no trick » I said. « It's easier than riding a donkey ».*
>
> *« All right » the Indian said. « Just as you say. If I go up the street and buy an automobile, will you drive it for me?*
>
> *« Of course » I said.*
>
> *(...)*
>
> *I drove that big Packard... all summer.*
>
> *(...)*
>
> *One day in November that year his brother came to town from Oklahoma, and the next day, when I went down to the hotel to get him, they told me he'd gone back to Oklahoma with his brother.*
>
> *« Where is the Packard? » I said.*
>
> *« They took the Packard » the hotel clerk said.*
>
> *« Who drove? » I said.*
>
> *« The Indian » the clerk said.*
>
> *« They're both Indians » I said. « Which of the brothers drove the car? »*
>
> *« The one who lived at the hotel » the clerk said.*
>
> *« Do you mean to tell me he knew how to shift gears? » I said.*
>
> *« It looked to me as if he did » the clerk said. « He looked like an expert driver to me ».*

William Saroyan, *My name is Aram.*

Supports utilisés : script; enregistrement sonore (effectué par l'assistant); transparent (carte des USA); *flashcards.*

Phase de *warming up*

• *Brainstorming* à partir de l'expression *American Indians.*

Objectifs : mobiliser les connaissances linguistiques et culturelles des élèves; introduire certains mots utiles pendant la séance; créer une motivation pour la découverte du document.

Réactivation possible : *a village - a chief - a cowboy - a gun - an arrow - a buffalo - a canoe - a river - the cattle. To kill - to fish.*

Introduction : *a tribe - a reservation - to hunt - the game.*

Écoute globale (sans le script)

Support : enregistrement sonore.

Objectif : repérage des éléments factuels essentiels.

Aide éventuelle : orientation de l'écoute par la question préalable « *What is it about?* »

Vérification rapide de la compréhension globale et courte phrase de synthèse notée au tableau.

Écoute fractionnée (sans le script)

Objectifs : élucidation, réemplois, reformulation; découverte du sens implicite; phase finale d'expression personnelle et d'appréciation.

1. **Bande sonore :** « *Can you drive an automobile?* » *The Indian said.*
Élèves (répétition) : *Can you drive an automobile?*
Professeur : *So, what did the Indian want to know?*
Élèves (reformulation) : *He wanted to know if the boy could drive a car.*

2. **Bande sonore :** « *I can drive anything* » *I said.*
Professeur : *What could the boy do? he said.*
Élèves (reformulation) : *He said he could drive anything.*
Professeur : *What could he drive then? Give me a few examples.*
Élèves (réactivation) : *He could drive a car, a bus a coach…*
Professeur (enrichissement lexical à l'aide de *flashcards*) : *He could drive a van, a lorry, a truck too.*

3. **Bande sonore :** « *Have you ever driven an automobile?* » *he said.*
Professeur : *What did he say exactly, can you repeat?*

• Phrase notée au tableau sous la dictée d'un élève. Mise en évidence de la construction du passé composé (utilisation de couleurs, d'encadrements). ***Have** you ever **driven** an automobile?*

• Exercice de fixation.

Support : Flashcards

Un bus : ***Have** you ever **driven** a bus?*
Une Rolls-Royce : *Have you ever driven a Rolls-Royce?*
Un camion : *Have you ever driven a lorry, a truck?*
Une bicyclette : ***Have** you ever **ridden** a bicycle?*
Un vélomoteur : *Have you ever ridden a moped?*

4. **Bande sonore** : « *Not yet* » *I said.*
Professeur : *Has the boy ever driven an automobile?*
Élèves (répétition) : *No, not yet.*
Professeur : *You are right.*
Phrase notée au tableau : *He* ***has*** *not* ***driven*** *an automobile yet.*

5. **Bande sonore :** « *So far I haven't had any automobile to drive* ».
Professeur : *The boy hasn't driven an automobile yet, why not?*
Élèves (réemploi de la structure) : *He hasn't had any automobile so far.*
Professeur (exploitation des connaissances des élèves, ou élucidation à l'aide d'un synonyme) : *Do you understand so far?* ***So far*** *means (=)* ***until now***.
Phrase notée au tableau
Professeur : *Can you guess the reasons why he hasn't had any automobile to drive?*
Élèves (réactivation) : *Because he is a boy, he is too young, he is not rich enough to buy one...*

6. **Bande sonore** : « *and it's against my family religion to steal an automobile* ».
Professeur : *What was against the boy's religion?*
Élèves (reformulation) : *It was against* ***his*** *religion to steal an automobile.*
Professeur (élucidation) : *When you steal something, you take it without permission or illegally. So, what can happen to a person who steals a car for example?*
Élèves (réemploi, éventuellement aidé par des suggestions supplémentaires) : *If someone* ***steals*** *something, he can be arrested by the police and sent to prison.*
Phrase notée au tableau.
Professeur : *Why couldn't he steal an automobile?*
Élèves (reformulation) : *He said it was against* ***his*** *family religion.*
Professeur (rebrassage) : *His religion forbids stealing. Stealing is forbidden. What else is forbidden? Give me examples.*
Élèves (réactivation, enrichissement en fonction des besoins) : *Killing is forbidden. Lying is forbidden,...*

7. **Bande sonore** : « *Do you mean to tell me you believe you could get into an automobile and start driving?* » *He said.* « *That's right* » *I said.*
Professeur : *How did the Indian feel?*
Élèves : *He felt surprised.*
Professeur : *Why, do you think?*
Élèves (reformulation) : *Because the boy said he could drive.*
Professeur : *Do you think the boy has ever driven a car?*
Élèves : (réemploi de la structure, réactivation des marqueurs de temps) : *He* ***has never driven*** *a car. He* ***has already*** *driven a car.*
Phrases notées au tableau.
Professeur : *Let's suppose he has never driven a car. Give me a few reasons.*
Élèves : (réactivation, quantificateurs, interdiction) : *He is just a boy. He is too young. He is not old enough. He can't drive. He mustn't drive. He is not allowed to drive. It's forbidden to drive when you are a boy...*

8. **Bande sonore** : « *All right* » *he said.* « *Indians are born with an instinct for riding, rowing, hunting, fishing and swimming* ».
Professeur : *What can Indians do instinctively?*
Élèves : *They can ride.*
Professeur : *What do they ride?*
Élèves : *They ride horses.*
Professeur (enrichissement lexical) : *They ride beautiful horses whose race is pure. They are called : full-bred horses. Thoroughbred horses.*
Mots notés sur la partie du tableau réservée à cet effet.

9. **Bande sonore** : « *Indians are born with an instinct for riding, rowing* ».
Professeur : *What are they also born with?*
Élèves (répétition) : *They are born with an instinct for rowing.*
Professeur (élucidation à l'aide d'une image et du mime. Fixation de la prononciation par le biais de répétitions collectives d'abord, individuelles ensuite) : *Look! This is a canoe. When you* ***row****, you move the canoe with* ***oars****. So, what do you use when you row?*
Élèves (réemploi) : *When I* ***row*** *(move a boat through the water), I use a pair of* ***oars****.*
Phrase notée au tableau.
Professeur : *Have you ever practised rowing?*
Élèves (réemploi de la structure) : *I have never practised rowing. I have already practised rowing. I have often practised rowing. I have practised rowing several times.*
Avec l'aide du professeur : *I have practised rowing* **for** *years.*
Phrase notée au tableau

10. **Bande sonore :** « *Indians are born with an instinct for riding, rowing, hunting* ».
Élèves : (*hunting* a déjà été introduit) : *Indians are born with an instinct for hunting.*
Professeur : *What animals do they hunt do you think?*
Élèves (réactivation + enrichissement lexical en fonction des besoins) : *They hunt game, wild animals, rabbits, birds,* **foxes***, bears,* **deer***, buffalo, ...*

11. **Bande sonore** : « *Indians are born with an instinct for riding, rowing, hunting, fishing.* »
Élèves (répétition) : *Indians are born with an instinct for fishing.*
Professeur : *What sort of fish do they catch?*
Élèves (réactivation enrichissement) : *They catch trout, salmon, ...*
Professeur : *Have you ever been fishing? Who have you been fishing with?*
Élèves (réemploi de la structure) : *I have been fishing with my dad.*

12. **Bande sonore** : « *Indians are born with an instinct for riding, rowing, hunting, fishing and swimming* ».
Professeur (réactivation de *to be good at*) : *What else are they good at?*
Élèves : *They are good at swimming.*

Professeur : *What do you say, to express the fact you swim very well?*
Élèves (par analogie avec le français) : *I swim like a fish.*
Professeur : *Where do Indians swim?*
Élèves (réactivation) : *They swim in lakes and rivers.*

13. **Bande sonore** : « *Americans are born with an instinct for fooling round with machines* ».
Professeur : *What about Americans?*
Élèves : *They are born with an instinct for fooling round with machines.*
Professeur (élucidation à l'aide de synonymes) : ***To fool round*** *(with) means. To play around (with). To mess about (with).*
Phrases à noter au tableau.
Professeur : *Does that mean the Indian took the boy seriously or not?*
Élèves : *The Indian didn't take the boy seriously.*
Professeur (aide à la découverte de l'implicite) : *Why is the verb to fool round associated with the word Americans? (is it a compliment or a criticism?).*
Élèves : *It's a criticism of American people.*
Professeur : *What facts did he criticize do you think?*
Élèves (aidés par des suggestions éventuelles du professeur) : *The fact they don't take life seriously. They prefer machines to Nature.*

14. **Bande sonore** : « *You're fourteen years old and already you know you'll be able to drive an automobile the minute you'll get into one* ».
Professeur : *How old was the boy?*
Élèves (réactivation de l'âge) : *He was fourteen.*
Professeur : *What was he able to do, he said?*
Élèves (réemploi) : *He said he was able to drive.*
Professeur : *So, what was he born with?*
Élèves (réactivation) : *He was born with an instinct for driving.*

15. **Bande sonore** : « *Driving a car is no trick* » *I said.*
Professeur : *What did the boy say?*
Élèves (reformulation) : *He said driving* ***was*** *no trick.*
Professeur (élucidation à l'aide d'une définition) : *A trick is a clever action, intended to amuse or give a certain illusion. So, at the circus for example, who performs tricks?*
Élèves (réemploi) : *At the circus, clowns or magicians perform* ***tricks****.*
Phrase à noter au tableau.
Professeur (vérification de la compréhension) : *When the boy said that driving was no trick; did he mean driving was a problem or driving was no problem?*
Élèves : *He mea**nt** driving was no problem.*

16. **Bande sonore** : « *It's easier than riding a donkey* »
Professeur : *What about driving then?*
Élèves : *It's easier than riding a donkey.*
Professeur (élucidation à l'aide d'une image) : *Look! This is a donkey. What sort of animal is it?*

Élèves (réactivation + enrichissement lexical par le professeur) : *The donkey is a stupid animal. (The **donkey** is a **stubborn** [obstinate] animal).*

Phrase à noter au tableau.

Professeur : *Do you agree with the boy? Why or why not?*

Élèves (réactivation de l'accord et du désaccord) : *I agree / don't agree with... I think he is right / wrong, because... You can fall off a donkey. Driving is more dangerous...*

17. **Bande sonore** : « *All right* » the Indian said, « *Just as you say. If I go up the street and buy an automobile...* »

Professeur : (*What was the Indian's intention?*). *What did he* ***intend*** *to do?*

Élèves : *He intended to buy a car.*

18. **Bande sonore** : « *Will you drive it for me?* » « *Of course* » *I said.*

Professeur (enrichissement lexical à l'aide d'un synonyme) : *What did the boy accept* ***agree to*** *do?*

Élèves (réemploi) : *He agreed to drive the car.*

Professeur : *What do you think of this situation?*

Élèves (réactivation de l'interdiction + enrichissement lexical avec l'aide du professeur) : *He is not allowed to drive. Driving is forbidden at the age of 14. The police could arrest him, give him a fine, a ticket, ...*

19. **Bande sonore** : « *I drove that big Packard... all summer* ».

Professeur : *Can you guess what a Packard is?*

Élèves : (inférence à l'aide du verbe to drive) : *It's a car.*

Professeur (apport culturel) : *In the fifties the Packard was an upper middle class car. It was driven by Humphrey Bogart (a famous American film star) in some of his films.*

Professeur : *Did the boy manage to drive that big Packard?*

Élèves : *Yes, he drove it all summer.*

Professeur : *So, what do you think of this boy?*

Élèves (expression personnelle + enrichissement lexical en fonction des besoins) : *He is a clever / courageous. Stupid / foolish / not sensible. Irresponsible / unthinking / reckless.*

20. **Bande sonore** : « *One day in November that year his brother came to town from Oklahoma* ».

Professeur : *Who came in November?*

Élèves (réactivation du cas possessif) : *The Indian's brother came.*

Professeur : *Where did he come from?*

Élèves : *He came from Oklahoma.*

Professeur : (support : transparent comportant une carte des États-Unis avec les différents États) : *Look at this map! Here is Oklahoma. In the past, it was known as an Indian Territory. There were different tribes, such as the Cherokees, the Creeks, the Seminoles... Nowadays, Oklahoma's Indian population is still the largest in the United States.*

21. **Bande sonore** : « *and the next day when I went down to the hotel to get him, they told me he'd gone back to Oklahoma with his brother* ».

Professeur (susciter la reformulation la plus simple possible. *Had gone* peut être inféré, mais ne sera étudié qu'après le passé composé) : *Was the Indian there, when the boy went to the hotel on the next day?*

Élèves : *He wasn't there (any more).*

22. **Bande sonore** : « *Where's the Packard?* » *I said.*

Professeur : *What did the boy want to know?*

Élèves (reformulation) : *He wanted to know where the Packard was.*

23. **Bande sonore** : « *They took the Packard* » *the hotel clerk said.*

Professeur : *What did the clerk say?*

Élèves : *He said they took the Packard.*

Professeur : *Who does « they » refer to?*

Élèves : *It refers to the Indian and his brother.*

24. **Bande sonore** : « *Who drove?* » *I said.*

Professeur : *What did the boy want to know?*

Élèves (reformulation) : *He* ***wanted*** *to know who drove.*

25. **Bande sonore** : « *The Indian* » *the clerk said.*

Professeur : *Who drove the car?*

Élèves : *It was the Indian.*

26. **Bande sonore** : « *They are both Indians* » *I said.* « *Which of the brothers drove the car?* »

Professeur : *Why couldn't the boy identify the driver?*

Élèves : *Because they* ***were*** *both Indians.*

Professeur (rappel éventuel du sens de both) : *They were* ***both*** *Indians =* ***the two*** *of them were Indians.*

27. **Bande sonore** : « *The one who lived at the hotel* » *the clerk said.*

Professeur : *So, which of the brothers drove the car?*

Élèves : *The one who lived at the hotel.*

28. **Bande sonore** : « *Do you mean to tell me he knew how to shift gears?* » *I said.*

Professeur (élucidation de *to shift gears* à l'aide du mime et d'une explication concrète) : *To shift gear(s) [US] = to change gear [GB]. When you drive a car, you have to* ***change gear*** *according to your speed.*

Phrases à noter au tableau.

Professeur : *What was the boy's reaction?*

Élèves (réactivation + enrichissement lexical en fonction des besoins) : *He was surprised... amazed... dumbfounded...*

29. **Bande sonore** : « *It looked to me as if he did* » *the clerk said.* « *He looked like an expert driver to me* ».

Professeur : *What did the boy realize?*

Élèves (reformulation) : *He realized the Indian was an expert driver.*

• Phase d'expression personnelle et d'appréciation.

Professeur : *Can you explain that?*

Élèves (formulation d'hypothèses avec l'aide du professeur) : *Perhaps the Indian has learnt how to drive, by watching the boy. He pretended he couldn't drive but he was an expert driver.*

Professeur : *Let's suppose the Indian was an expert driver, why did he pretend he couldn't drive?*

Élèves (réactivation + : enrichissement en fonction des besoins) : *He thought the boy was lying. He thought the boy was boasting, a boaster, a braggart. He supposed the boy was going to abandon, to give up, the idea of driving a car. He wanted to challenge the boy. He didn't think the boy was going to accept, to take up the challenge.*

Professeur : *Can you imagine the Indian's feelings when the boy drove the car all summer?*

Élèves (réactivation + enrichissement en fonction des besoins) : *Perhaps he was afraid, frightened, scared at first. Then he felt reassured. He was full of admiration for the boy's skill, courage, temerity, boldness.*

Écoute globale (script sous les yeux)

• Écoute + lecture murmurée.

• Temps de questionnement éventuel, afin de lever les dernières zones d'ombre.

Analyse de la structure cible

• Faire mettre en évidence la construction que l'on peut synthétiser par une formule : sujet + *To Have* au présent + participe passé.

• Faire déduire le fonctionnement de la structure (faire part au moment où l'on parle, d'une action passée et en envisager éventuellement les résultats).

• Attirer l'attention sur la présence de marqueurs de temps (*so far, not yet, already, ever, never...*) qui constituent le lien avec le moment de l'énonciation.

• Dans le cas où *for* aurait été introduit durant la séance, préciser que l'action commencée dans le passé continue dans le présent, mais alors que *for* indique la durée, *since* se réfère au moment précis où l'action a débuté.

Exemple : I have practised rowing ***for*** *years. I have practised rowing* ***since*** *1990.*

Activité de transfert

• *Work in pairs. Ask and answer questions about what you have or haven't done.*

To meet John	*To meet his parents*	*Ever / never / often*
To prepare the dinner	*To do the shopping*	Yet / so far
To visit New York	*To see London*	*Ever / so far / several times*
To ride a horse	*To practise golf*	*Ever / never / often*
To buy a new lawn-mower	*To think of a model*	*Yet / already*

Exemple : Have you ever met John? I have never met him but I have often met his parents.

• Mise en commun.

• Dramatisation d'une situation par deux élèves volontaires.

Copie des traces de la leçon

Travail à la maison

• Donner six images. Les élèves auront à décrire les actions au passé composé.

Exemple : The girl has fallen off her bicycle.

• Demander de répondre à des questions en utilisant le passé composé.

Exemple : Have you ever been abroad? Say where you have been.

Bibliographie

Objectifs-Projet pédagogique

BERBAUM J., *Apprentissage et formation*, PUF, coll. « Que sais-je ? », 1989.
Voir chapitre VI : « La pédagogie par objectifs ».

HAMONET-BABONNEAU J., *The teacher's survival kit*, t. I, CRDP de Bretagne, 1993. (Destiné au second cycle mais peut s'utiliser en troisième.)

LA GARANDERIE A., *Les profils pédagogiques*, Le Centurion, coll. « Paidoguides », 1989.

LANDSHEERE (de) V. et G., *Définir les objectifs de l'éducation*, PUF, 1989.

MAGER R.F, *Comment définir des objectifs pédagogiques*?, Bordas, 1990.

L'apprentissage de l'anglais dans le premier cycle, CRDP de Strasbourg, mai 1987.
Voir « Projet pédagogique p. 77 à 135.

Compréhension de la langue orale

GEDDES M., STURTRIDGE G., *Listening links* (*Teacher's book*, *Students' book*), Heinemann, 1979.

HAMONET-BABONNEAU J., *The teacher's survival kit*, t. II, CRDP de Bretagne, 1993. (Consacré au second cycle, mais peut s'utiliser en troisième.)

JORDAN R., *Active listening*, Colins, 1988.

MAC DOWELL J., STEVENS S., *Basic listening*, (*Teacher's book* + cassette), Edward Arnold, 1984.

UNDERWOOD M., *Have you heard...? Listening comprehension* (+ cassettes), Oxford University Press, 1979.

UR P., *Teaching listening comprehension*, Cambridge University Press, 1990.

Are you listening ?, Oxford University Press (destiné aux sixième et cinquième). (1 cassette audio + 1 livret d'accompagnement).

Compréhension de la langue écrite

BERNARD A., *Read and write* (classe de troisième et second cycle), CRDP Midi Pyrénées, 1995.

BERNARD M.C., *Lire pour communiquer*, coll. « Entrez dans ma classe », CRDP Nancy-Metz, 1990.

BYRNE D., *Intermediate comprehension passages*, Longman, 1970.

ELLIS G., MAC RAE J., *The extensive reading handbook for secondary teachers*, Penguin English, 1991.

GRELLET F., *Developing reading skills*, Cambridge University Press, 1981.
A practical guide to reading comprehension exercises.

HUSTON MASSOUD L., *Preludes to reading*, English Language Programs Division, Bureau of Educational and Cultural Affairs, United States Information Agency Washington, DC 20547.

Savoir et aimer lire en Anglais, CRDP de Lyon, 1987.

Les langues modernes (revue), n° 6, 1984, APLV-Les langues modernes, 19 rue de la Glacière, 75013 Paris.
Voir chapitre « Lecture et compréhension écrite ».

Expression écrite-expression orale

BOUCHARD D. (compiled by), *Odds and ends, Resource and Idea Manual for Teachers of English as a Foreign Language*, English Teaching Division, Educational and Cultural Affairs International Communication Agency United States of America Washington, DC, 1980.

JONES L., *Communicative grammar practice, Activities for intermediate students of English*, student's book, Cambridge University Press, 1994 (3e éd.).

PERENOUD P., « La communication en classe », *Cahiers pédagogiques* n° 326, septembre 1994.

PINCAS A. (with the assistance of Allen K. - Mac Millan), *Writing in English*, Book 1, 1982.

REVELL J., *Teaching techniques for communicative English*, ELTS, 1979.

Méthodes en pratique : anglais en classes de sixième et cinquième, CRDP de Lille, 1991.

Anglais - La classe de troisième, « Classe charnière », CRDP de Lyon, 1987.

L'Anglais en quatrième, réflexions et projet pédagogique, CRDP de Lyon, 1987.
(S'attache en fait aux quatre compétences).

Apprentissage de l'anglais, Tableaux et diagrammes premier cycle et classe de seconde, CRDP de Lyon, 1990.

Les moyens dramatiques dans l'enseignement de l'anglais, CRDP de Lyon, 1987.

Anglais premier cycle, techniques de classe production orale, dossier pédagogique n° 2, CRDP de Nancy-Metz, 1983.

Un entraînement à l'expression orale et écrite en anglais, CRDP de Nantes, 1988.

Des clés pour l'interaction en classe d'anglais, premier cycle, CRDP de Strasbourg, 1991.

Culture et civilisation

CAIN A. (sous la direction de), *Culture, Civilisation, Propositions pour un enseignement en classe d'Anglais*, Coédition INRP-OPHRYS, (dossier collège + cassette collège), 1996.

CAIN A., BRIANE C., *Comment collégiens et lycéens voient le pays dont ils apprennent la langue*, INRP, 1994.

Enseignement/Apprentissage de la civilisation en cours de langue, premier et second cycles, Actes de colloque : octobre 1990, INRP 1991.

Exploitation de l'image

COMIS H., VIGNEAU S., *Look, Speak, write, l'image fixe dans la classe d'Anglais*, CRDP de Montpellier,1989.
(Prévu pour le second cycle, mais peut s'utiliser en troisième).

CURRY D., *Close-up, A photomotivational text, Intermediate/Advanced level*, English Language Programs Division United States Information Agency Washington, DC : 20547, 1985.

CURRY D., *Eye witness, A picto-Comp For Students of English as a Foreign Language*, English Language Programs Division United States Information Agency Washington, DC 20547, 1979.

JOULIA A., TIBIE C., OBIOLS H., *Images projetées, Outils d'apprentissage, une démarche trilingue*, Académie de Montpellier, coll. « MAFPEN-CRDP », 1994.

HAMONET-BABONNEAU J., *The teacher's survival kit*, t. IV, L'image fixe, l'image mobile : apprentissage et évaluation, CRDP de Bretagne, 1996.

Évaluation

HEATON J.B., *Élaboration des tests de langue : anglais*, Armand Colin-Longman, 1977.

Cahier de l'évaluation n° 1 « Évaluation : réussite/échec scolaire ? », *Les dossiers de Sèvres*, 1986.

Essai d'évaluation en anglais, niveau sixième, production écrite - compréhension écrite, coll. « Outils pour la réussite », CNDP/CRDP Poitiers, 1985.

Recueil d'instruments et de processus d'évaluation formative, Tome I, INRP, 1986. (29, rue d'Ulm, 75230 Paris Cedex 05).

Les manuels scolaires

ASTOLFI J.P., « Lire dans les manuels, pas si facile pour les élèves », *Cahiers pédagogiques* n° 254-255, 1987.

BERGER G., BRUNSWIC E., *Éléments pour un examen critique des manuels scolaires*, Unesco, Paris, 1978.

GINSBURGER-VOGEL Y., « Des manuels pour apprendre », *Cahier de l'INRP* n° 23, 1987.

TOURNIER M., NAVARRO M., *Les professeurs et le manuel scolaire*, coll. « Rapports de Recherche », INRP, 1985.

Le manuel, le Prof', l'Élève, Fascicule n° 3, coll. « We can help you ! », CRDP de Lyon, 1990.

Le travail personnel de l'élève

BERBAUM J., *Développer la capacité d'apprendre*, ESF, 1992.

BERBAUM J., *Pour mieux apprendre : conseils et exercices*, ESF, 1992.

BIZOUARD, *Cultiver sa mémoire de 9 à 99 ans*, Éditions « chronique sociale », 1990.

LA GARANDERIE A., *Pédagogie des moyens d'apprendre*, Le Centurion, 1982.

MEIRIEU P., *Apprendre... Oui, mais comment ?*, ESF, 1991.

VECCHI (de), *Aider les élèves à apprendre*, Hachette, 1992.

« Aides au travail personnel de l'élève », *Cahiers pédagogiques* n° spécial octobre 1989.

« Apprendre », *Cahiers pédagogiques* n° 280 janvier 1990 et n° 281 février 1990.

« Apprendre aux élèves à travailler », *Les Amis de Sèvres* n° 130 juin 1988.

Pour les professeurs débutants… et les autres

BAILLANQUES S., BREUZE E., *La première classe*, ESF, 1993.

DODGE C., MARTINA C., *Guide Belin de l'enseignement de l'anglais à l'école et au collège*, Belin, 1989.

HUBERMANN, *La vie des enseignants : évolution et bilan d'une profession*, Paris, Delachaux et Niestlé, 1989.

Pourvu qu'ils m'écoutent, coll. « champ pédagogique », CDRP de Créteil, 1995.

Vademecum du prof' d'anglais débutant, coll. « We can help you ! », CDRP de Lyon, 1990.

École élémentaire

ELLIS G., BREWSTER J., GIRARD D., *Bridging, The Gap : guide de l'anglais précoce*, Penguin, 1992.

FOUCHER M.-F., COCSET M., BROSSARD J., *Keep it up young learners*, CDRP Indre et Loire, 1994.

HALLIWELL S., *Enseigner l'anglais à l'école primaire*, (préface de James Brossard), Longman 1995.

KERVRAN M., *L'apprentissage actif de l'anglais à l'école*, Armand Colin, coll. « Formation des enseignants », 1996.

O'NEIL C., *Les enfants et l'enseignement des langues étrangères*, Credif/Didier, 1993.

Ouvrages de référence

KERNERMAN, PASSWORD, *English Dictionary for Speakers of French*, Modulo, semi-bilingual dictionaries.

ADAMCZEWSKI H., *Phonétique et phonologie de l'anglais contemporain*, Armand Colin, 1973.

CHERCHI L., *La grammaire anglaise au fil des textes*, Éditions de l'Aleï.

LAPAIRE J.-R. - ROTGE W., *Linguistique et grammaire de l'anglais*, Presses Universitaires du Mirail, 1991.

ROGGERO J., *Grammaire anglaise, Nathan Université*, 1985.

Collection
Formation des enseignants

• Professeurs des écoles

M.-C. Bouaré-des-Déserts, C. Riolet, J.-P. Thomas, *Éducation civique et Philosophie politique.*

R. Dany, *L'Enfant et l'Éducation.*

E. Dany, C. Durand, P. Eelsen, S. Renaudeau, *L'École maternelle, première école.*

C. Dubois, M. Fénichel, M. Pauvert, *Se former pour enseigner les mathématiques.*
– Tome 1 : Problèmes, Géométrie.
– Tome 2 : Maternelle, grandeur et mesure.
– Tome 3 : Numération, décimaux.
– Tome 4 : Opérations, fonctions numériques.

C. Gillie-Guilbert, L. Fritsch, *Se former à l'enseignement musical. Approches didactique et pédagogique.*

B. Gromer, M. Weiss,
– Lire, tome 1 : apprendre à lire.
– Lire, tome 2 : être lecteur.
– Dire, écrire.

J.-L. Harter, M.-C. Meunier, J. Priniotkis, N. Tacaille, *Quelles musiques à l'école?*

M. Kervran, *L'apprentissage actif de l'anglais à l'école.*

Sous la direction de D. Lagoutte, *Les Arts plastiques, objectifs, enjeux et finalités.*

M. Masson, *Didactique d'une géographie plurielle.*

A. Mauffrey, I. Cohen, *Lecture, éléments pour une pédagogie différenciée.*

R. Octor, *La Législation du système éducatif français.*

G. Py, *L'Enfant et l'École maternelle : les enjeux.*

• Professeurs des écoles et collèges

M. Masson, *Comment enseigner l'Europe, de l'école au lycée.*

C. Vargas, *Grammaire pour enseigner.*
– Tome 1 : l'Énoncé, le Texte, la Phrase.
– Tome 2 : La Phrase verbale, les Fonctions et les Catégories.

• Professeurs des collèges

A. Cousin-Fauconnet, *Enseigner la géométrie au collège.*

D. FERNANDEZ, B. MEYER, *Enseigner le français au collège.*

G. Hugonie, *Pratiquer la géographie au collège.*

M. MICHAUX, *Enseigner l'histoire au collège.*

En préparation

A. ZAPATA *et al.*, *Enseigner la technologie au collège.*

- **Professeurs des lycées**

A. BEITONE, M.-A. DECUGIS-MARTINI, A. LEGARDEZ, *Enseigner les sciences économiques et sociales au lycée.*

Ph. CAUCHE, A. DESANTE, Ph. DEUBEL, G. FERRÉOL, *Enseigner les modules en SES.*

N. LAUTIER, *Enseigner l'histoire au lycée.*

En préparation

Sous la direction de G. FERRÉOL, *Enseigner la science politique en SES.*

M. GOFFARD, A. DUMAS-CARRÉ, *La Résolution de problèmes en physique.*

- **Enseigner**

M. BARLOW, *Le Travail en groupe des élèves.*

G. BOUCHET, *Laïcité et enseignement.*

G. BOUCHET, *Laïcité : textes majeurs pour un débat d'actualité.*

P. BOUMARD, J.-F. MARCHAT, *Chahuts, ordre et désordre dans l'institution éducative.*

P. BOUTAN, *Histoire de l'enseignement du français à l'école primaire.*

B. CHARLOT, E. BAUTIER, J.-Y. ROCHEX, *École et Savoir dans les banlieues... et ailleurs.*

Sous la direction de J. HOUSSAYE,
– *Quinze pédagogues, leur influence aujourd'hui.*
– *Quinze pédagogues, textes choisis.*
– *Pédagogues contemporains.*

R. ETIENNE, A. LEROUGE, *Enseigner en collège ou en lycée, repères pour un nouveau métier.*

Ph. FUSTER, Ph. JEANNE, *Enfants handicapés et intégration scolaire.*

D. GAYET, *Modèles éducatifs et relations pédagogiques.*

J. GONNET, *De l'actualité à l'école – Pour des ateliers de démocratie.*

G. HERVÉ, *Intervenir en réseau d'aide spécialisé pour enfants en difficulté. Histoire de Paul, Hugo, Pierre.*

G. LAPASSADE, *Guerre et paix dans la classe.*

M. PERRAUDEAU, *Les Méthodes cognitives, apprendre autrement à l'école.*

M. PERRAUDEAU, *Piaget aujourd'hui, réponses à une controverse.*

En préparation

Coordonné par B. CHARLOT et J.-C. EMIN, *Violences à l'école : état des recherches.*

Sous la direction de Gilles FERRÉOL, *Adolescents et toxicomanie.*

• **Concours**

R. BOBICHON, M.-T. CHADUC, Ph. LARRALDE, I. DE MECQUENEM, J. SANTURET,
– *L'Épreuve d'entretien au concours de professeur des écoles.*
– *La Préparation à l'épreuve d'entretien : textes et sujets commentés.*

M. FÉNICHEL, M. PAUVERT, *L'Épreuve de mathématiques au concours de professeur des écoles.*

C. GILLIE-GUILBERT, L. FRITSCH, *Se former à l'enseignement musical. Approches didactique et pédagogique.*

J. HIU, *L'Épreuve de français au concours de professeur des écoles.*

M. KERVRAN, *L'Épreuve d'anglais au concours de professeur des écoles.*

M. MICHAUX, *L'Épreuve d'histoire-géographie au concours de professeur des écoles.*

En préparation

M. DANJOUX, *L'Épreuve d'arts plastiques au concours de professeur des écoles.*

Coordonné par D. SENORE, *Préparer le CAPSAIS - 1. Mémoire et questions.*

Masson & Armand Colin Éditeurs
34 bis, rue de l'Université, 75007 Paris
N° 1670/1
Dépôt légal : juin 1997

Achevé d'imprimer sur les presses de la
SNEL S.A.
rue Saint-Vincent 12 - 4020 Liège
tél. 32(0)4 343 76 91 - fax 32(0)4 343 77 50
mai 1997